MADEIRA

PLANTAS E FLORES

PLANTES ET FLEURS

PLANTS AND FLOWERS

PFLANZEN UND BLUMEN

PLANTER OG BLOMSTER

VÄXTER OCH BLOMMOR

MADEIRA

PLANTAS E FLORES
PLANTES ET FLEURS
PLANTS AND FLOWERS
PFLANZEN UND BLUMEN
PLANTER OG BLOMSTER
VÄXTER OCH BLOMMOR

| Text and Photography | António da Costa |
| Texto e Fotografia | Luis de O. Franquinho |

14.ª Edição 1995
ISBN 972-9177-12-0

— Reservados todos os direitos
— All Rights Reserved

EDITORES E DISTRIBUIDORES
FRANCISCO RIBEIRO & FILHOS, LDA.
RUA NOVA DE S. PEDRO, 27-29
TELEF. 223930 – FAX 228724
P – 9000 FUNCHAL

ISBN 972-9177-12-0 — Português, Français, English, Deutsch, Dansk, Svenska – 1995

ISBN 972-9177-04-X — Suomi / Finska, Svenska, Español, Português – 1989

PREFÁCIO

P — Português

O enorme interesse científico que a Flora da Ilha da Madeira oferece, foi há muito reconhecido em todo o mundo. Para ela concorrem vários factores dos quais se destacam a situação geográfica da Ilha, o seu forte relevo e um clima bastante temperado, devido em parte à influência das águas quentes da Corrente do Golfo.

Algumas das numerosas plantas indígenas chamam-se endémicas, por não aparecerem em nenhuma outra parte do mundo no estado natural. Desse grupo destacam-se pela sua beleza a «*Musschia aurea*» (pequena planta em semi-roseta que prefere as rochas soalheiras da beira-mar, especialmente da costa sul) e a «*Musschia wollastonii*» (planta muito maior, de aspecto arbustivo, habitante de profundos vales da costa norte) — ver páginas 253 e 254.

É parte desta tão interessante Flora que se pretende ilustrar neste livro, num conjunto de mais de 700 fotografias a cores de 391 plantas e flores aqui existentes, cultivadas ou não.

Neste número incluímos 68 plantas estritamente endémicas desta Ilha, bem como 42 comuns à Madeira e às outras ilhas atlânticas dos Açores, das Canárias e/ou de Cabo Verde, ilhas que no seu conjunto formam a Macaronésia. As restantes plantas ilustradas são espécies exóticas, provenientes das mais variadas partes do mundo.

A todos os que vagueiam pelos jardins da Madeira ou percorrem as suas estradas e veredas, agradecemos o carinho com que tratem todas as plantas, não as mutilando nem colhendo desnecessariamente, pois todos somos responsáveis pela sua preservação para o futuro.

PRÉFACE

F — Français

Le très grand intérêt scientifique que présente la flore de l'Île de Madère a été souligné depuis longtemps et s'avère mondialement reconnu. Beaucoup de facteurs déterminent la richesse de cette flore, parmi lesquels interviennent la situation géographique et le caractère insulaire du territoire qui, marqué par un relief accentué et contrasté, est de plus soumis à un climat extrêmement tempéré grâce, en partie, à l'influence des eaux chaudes du Gulf Stream.

Parmi les nombreuses espèces indigènes, un certain nombre sont dites «endémiques»: elles ne se trouvent nulle part ailleurs dans le monde dans un habitat naturel. De ce groupe d'espèces tout à fait spéciales à Madère, se détachent singulièrement le «*Musschia aurea*», plante assez basse formant des touffes issues de rosettes lâches, localisée surtout aux falaises ensoleillées de la côte sud, ainsi que le «*Musschia wollastonii*», de même port, mais de taille plus grande, croissant dans quelques vallées profondes de la côte nord de l'Île, — — voir pages 253 et 254.

C'est une partie de cette si remarquable flore que nous avons voulu montrer dans ce livre, illustré de plus de 700 photographies en couleurs de 391 plantes et fleurs que l'on rencontre à Madère, à l'état sauvage ou quelquefois comme espèces cultivées.

Nous avons inclus ici 68 espèces strictement endémiques de l'Île, ainsi que 42 communes aux flores de Madère et des autres îles atlantiques des Açores, des Canaries ou des îles du Cap Vert, ensemble qui forme la Macaronésie. Les autres espèces signalées dans le livre sont des espèces allochtones, existant dans de nombreuses parties chaudes ou temperées du monde.

À tous ceux qui se promènent dans les jardins et les parcs de Madère ou qui parcourent les sentiers de nos montagnes, nous voulons demander de respecter la vie végétale et tout particulièrement les espèces rares: ne les détruisez jamais, ne les mutilez pas et n'effectuez pas de cueillettes sans nécessité; la conservation de ce monde végétal est un devoir pour tous. Nous voulons remercier par avance tous ceux qui viendront admirer la flore de Madère d'en préserver la beauté.

FOREWORD

E — English

The great scientific value of the Madeira Island Flora has long been recognized all over the world. The geographical situation of the Island, its mountainous character, and the very mild climate partly due to the influence of the warm waters of the Gulf Stream, are some reasons for the rich Flora.

Some of the numerous indigenous plants are called endemics because they occur in no other part of the world in their natural environment. Of these, the most outstanding for their beauty are the «*Musschia aurea*», a small plant which thrives on sun-exposed sea cliffs especially on the south coast of the Island, and the «*Musschia wollastonii*», a much larger plant which grows in some deep valleys of the north coast (see pages 253 and 254).

It is part of this very interesting Flora that we wish to show in this book, which contains over 700 photographs — all in full colour — — of 391 plants and flowers that can be seen in Madeira, either in cultivation or growing wild.

So, one will find here 68 plants strictly endemic from the Island, as well as 42 others which also occur in the Azores, the Canary Islands and/or Cape Verde — archipelagos which, together with that of Madeira, form the Macaronesia. The remaining species illustrated come from most other parts of the world.

May we take this opportunity of thanking everyone who wanders through the gardens of Madeira, or along our roads and footpaths, for treating all plants as carefully as possible, especially the rare ones, neither damaging nor collecting them unnecessarily. In doing so everyone will help to preserve the beauty of this unique Island.

VORWORT

D — Deutsch

Seit langem hat die Flora Madeiras in der ganzen Welt grosses wissenschaftliches Interesse gefunden. Die geographische Lage der Insel, ihre Gebirgsnatur und das sehr milde Klima, das durch den warmen Golfstrom, der die Insel umspült, beding ist, sind die Hauptursachen für die überaus reiche und eigenartige Flora.

Unter den zahlreichen einheimischen Arten gibt es eine Anzahl sogennanter Endemiten, Pflanzen, deren natürliches Verbreitungsareal auf Madeira beschränkt ist und die in anderen Teilen der Welt fehlen oder nur als Zierpflanzen gehalten werden können. Von ihnen seien wegen ihrer Schönheit zwei Arten besonders hervorgehoben: «*Musschia aurea*» eine kleine Pflanze, die an den sonnigen Küstenfelsen besonders der Südseite der Insel gedeiht und «*Musschia wollastonii*», eine weit grössere Art, die in einigen tief eingeschnittenen Tälern der Nordküste wächst (siehe Seite 253 und 254).

Wir möchten in diesem Buch einen Teil dieser grossartigen Flora, die dem Naturfreund bei seinen Wanderungen in der freien Natur oder bei Spaziergängen in den Gartenanlagen begegnen kann, in über 700 Farbphotographien von 391 Pflanzen und Blumen zeigen, um ihn auf die Einzigartigkeit der Pflanzenwelt Madeiras hinzuweisen.

Hierunter finden sich 68 ausschliesslich auf Madeira vorkommende Endemiten und 42 Arten, die auch auf den Azoren, den Kanaren und/oder den Kapverden beheimatet sind — Inseln, die zusammen mit Madeira das Gebiet von Makaronesien bilden. Die übrigen abgebildeten Arten kommen aus vielen anderen Gebieten der Erde.

Eine Bitte haben wir an alle Besucher Madeiras, die Gärten und Parkanlagen besichtigen oder die Strassen und Wege der Insel durchwandern: Schonen Sie die Pflanzen, pflücken Sie sie nicht ab, damit sich auch andere an ihrer Schönheit erfreuen können. Wir alle sind verantwortlich für ihre Erhaltung, jetzt und in der Zukunft.

Habt Ehrfurcht vor der Pflanze, alles lebt durch sie!

FORORD

Da — Dansk

Madeiras flora er for længst blevet erkendt over hele verden som værende af stor, videnskabelig værdi. Øens geografiske beliggenhed, dens bjergrige natur og dens meget milde klima, der delvis skyldes påvirkning af Golfstrømmens varme vand, er nogle af årsagerne til dens rige flora.

Visse af de talrige, indfødte planter kaldes endemer, fordi de ikke i nogen anden del af verden vokser i deres naturlige omgivelser. Af disse kan som de mest berømte — på grund af deres skønhed — — nævnes «*Musschia aurea*», en mindre plante som især vokser på soleksponerede kystklinter langs øens sydkyst, og «*Musschia wollastonii*», en meget kraftigere plante, som vokser i visse, dybe kløfter på øens nordkyst (se side 253 og 254).

Det er en del af denne interessante flora, vi ønsker at vise i denne bog, som indeholder over 700 farvefotos af 391 planter, som kan træffes på Madeira, enten dyrkede eller vildtvoksende.

I bogen omtales 68 planter, som er endemiske for Madeira, samt 42 andre, som også findes på Azorerne og/eller de Kanariske Øer og/eller de Kapverdiske Øer, øgrupper som sammen med Madeira--øgruppen udgør Makaronesien. Resten af de i bogen afbildede arter stammer mest fra andre verdensdele.

Vi vil herved gerne benytte lejligheden til at opfordre alle, som vandrer i vore haver og parker eller langs vore veje og stier, til at behandle alle planter så nænsomt som muligt, især de mest sjældne. Man bedes hverken ødelægge eller indsamle dem unødvendigt! Ved en sådan optræden kan alle bidrage til at bevare denne enestående ø's skønhed.

FÖRORD

Sv — Svenska

Det stora vetenskapliga värdet av ön Madeiras flora har sedan länge varit känt världen över.

Öns geografiska läge, bergens beskaffenhet och det milda klimatet — delvis påverkat av den varma Golvströmmen — är några av orsakerna till att floran är så rik.

En del av de talrika inhemska växterna kallas endemiska därför att de inte förekommer i sin naturliga omgivning i någon annan del av världen. Av dessa är 2 arter «Musschia» de mest i ögonfallande för sin skönhets skull. *«Musschia aurea»* är en liten växt som trivs på solexponerade havsklippor, speciellt på öns sydkust och *«Musschia wollastonii»* är betydligt större och förekommer i nordkustens djupa raviner (Se sid. 253 och 254).

Denna bok visar mer än 700 färgfoton av 391 växter ur Madeiras intressanta flora både sådana som förekommer i kultur och de som växer vilt.

Här finns 68 växter endemiska enbart för Madeira och 42 sådana som också finns på Azorerna och/eller Kanarieöarna och/eller Cap Verde, de ögrupper som tillsamman med Madeira utgör Makaronesien. De övriga arterna som avbildats här kommer från många andra platser på jorden.

Vi tackar var och en som strövar omkring i Madeiras trädgårdar och vandrar längs stigar och vägar för den varsamhet som vi hoppas de visar mot alla växter, speciellt de sällsynta, utan att förstöra dem eller plocka dem i onödan eftersom vi alla har ansvar för att de bevaras för framtiden.

MADEIRA 1995

AGRADECIMENTOS   REMERCIEMENTS
ACKNOWLEDGEMENTS   DANKE
TAK   TACK

Das várias pessoas e instituições que nos honraram com a sua preciosa colaboração, sem a qual nos teria sido impossível publicar o presente livro, cumpre-nos destacar:

Professores Drs. Theo Eckardt, G. K. Schulze-Menz e J. Gerloff, do Museu Botânico de Berlin — Dahlem, os dois primeiros entretanto infelizmente falecidos.

Professor Dr. Alfred Hansen, do Museu Botânico, Universidade de Copenhaga.

Mr. Gerard G. Aymonin, do Museu Nacional de História Natural, Laboratório de Fanerogamia, em Paris.

Miss Maja-Lena Nilsson, de Ystad, Suécia.

Mr. R. Ross, do Departamento de Botânica, do British Museum (Natural History), Londres.

Monsieur Jacques Zeller, Jardim Botânico de Estrasburgo, França.

Mlle. M. Longevialle, do T. D. de Botânica, da Faculdade de Farmácia em Paris.

Herr Ernst Sengenberger, de Augsburgo, República Federal da Alemanha.

Prof. Dr. Heinz Paul, do Instituto Botânico da Universidade de Bona, República Federal da Alemanha.

Dr. Nils Dahlbeck, de Kållered, Suécia.

Dr. Per Sunding, do Museu Botânico e Jardim Botânico da Universidade de Oslo, Noruega.

A todos desejamos exprimir a nossa profunda gratidão.

Os Autores

EXPLICAÇÃO DAS LEGENDAS
HOW TO READ THE LEGENDS
FORKLARING TIL BILLEDTEKST

EXPLICATION DES LÉGENDES
ERKLÄRUNG DER BESCHRIFTUNGEN
HUR TEXTEN SKA LÄSAS

5-9	10-70 cm	Madeira	Crassulaceae	0-800 m
Época de Floração, em geral de Maio a Setembro	Altura da Planta, geralmente entre 10 e 70 cm	Origem	Família: Crassuláceas, Plantas gordas	Altitude a que se encontra, geralmente da beira-mar até aos 800 metros
Temps de Floraison, habituellement Mai/Sept.	Hauteur de cette plante, habituellement de 10 à 70 cm	Origine	Famille des Crassules, Crassulacées	Altitude où cette plante se trouve, habituellement entre le niveau de la mer et 800 mètres
Flowering season, generally May/Sept.	Height of this plant, generally 10/70 cm	Origin	Family: Crassulaceae, Houseleeks	Altitude where this plant grows, generally between the sea level and 800 metres
Blütezeit, im allgemeinen Mai bis September	Höhe der Pflanze, meistens von 10 bis 70 cm	Herkunft	Familie: Crassulaceen, Dickblattgewächse	Höhenlage, wo diese Pflanze gedeiht, im allgemeinen vom Meeresspiegel bis zu 800 m
Blomstringstid, sædvanligvis Maj/Sept.	Plantens højde, sædvanligvis 10/70 cm	Hjemsted	Familie: Crassulaceae	Højden i hvilken planten vokser, sædvanligvis mellem havniveau og 800 m.
Blomningstid, vanligen maj/sept.	Växtens höjd, vanligen 10/70 cm	Ursprung	Familj: Crassulaceae	Växtplatsens höjd över havet vanligen 0-800 m

Abelia grandiflora (Rovelli ex André) Rehd.
Syn.: *A. chinensis* R. Br. × *A. uniflora* R. Br.
  A. rupestris Lindl. var. *grandiflora*
    Rovelli ex André
  A. rupestris hort. Späth non Lindl.

P — **Abélia**
F — **Abelia**
E — **Glossy Abelia**
D — **Abelie**
Da — **Abelie**
Sv — **Abelia**

| 7-10 | 0,5-1,5 m | (Cultivar) | Caprifoliaceae | 0-400 m |

| Arbusto | Arbrisseau | Shrub | Strauch | Busk | Buske |

Abutilon grandifolium (Willd.) Sweet
Syn.: *A. molle* (Orteg.) Sweet

- P — **Abutilão**
- F — **Abutilon, Fausse Guimauve**
- E — **Velvet-Leaf**
- D — **Weichhaariges Abutilon**
- Sv — **Stor Klockmalva**

	11-7	0,5-1 m	América Tropical	Malvaceae	0-300 m
14	Arbusto	Arbrisseau	Shrub	Strauch	Busk	Buske

Abutilon × *hybridum* hort.

P — Campainhas
F — Abutilon à feuilles marbrées
E — Flowering Maple, Chinese Bellflower
D — Abutilon, Glockenmalve
Da — Klokketræ
Sv — Klockmalva, Blomsterlönn

1-12	1-2 m	(Cultivar)	Malvaceae	0-450 m
Arbusto	Arbrisseau	Shrub	Strauch	Busk	Buske

16	Árvore	Arbre	Tree	Baum	Træ	Träd
1-3	2-8 m		Austrália	Mimosaceae		100-750 m

Acacia baileyana F. v. Muell.

P — **Acácia Baileiana**
F — **Mimosa, Mimosa de Bailey**
E — **Golden Mimosa, Cootamunda Wattle**
D — **Baileys Akazie**
Da — **Akacie**
Sv — **Akacia**

Acacia melanoxylon R. Br.

P —	Acácia Austrália
F —	Acacia à bois noir, Mimosa à bois noir
E —	Australian Blackwood, Blackwood Acacia
D —	Schwarzholz-Akazie
Da —	Akacie
Sv —	Akacia

1-4	3-8 m	Austrália	Mimosaceae	300-1400 m
Árvore	Arbre	Tree	Baum	Trae	Träd

Acacia verticillata (L'Hérit.) Willd.

- P — Acácia
- F — Mimosa
- E — Prickly Moses, Star Wattle
- D — Quirlblättrige Akazie
- Da — Akacie
- Sv — Akacia

3-4	2-3 m	Austrália	Mimosaceae	400-750 m
Árvore	Arbre	Tree	Baum	Træ	Träd

Acalypha wilkesiana Müll. Arg.

P	—	Acálifa, Folha de Cobre
F	—	Ricinelle, Ricinelle de Wilkes
E	—	Copperleaf, Match-me-if-you-can
D	—	Wilkes Nesselblatt, Wilkes Kupferblatt
Da	—	Kobberblad
Sv	—	Mosaikblad

6-8	0.5-2 m	Ilhas do Pacífico	Euphorbiaceae	0-300 m
Arbusto	Arbrisseau	Shrub	Strauch	Busk	Buske

Erva	Herbe	Herb	Kraut	Urt	Ört	23
5-7	0,5-1 m		Mediterrâneo	Acanthaceae		0-650 m

P — Erva Gigante, Acanto
F — Acanthe, Branc-Ursine, Branche-Ursine, Patte d'ours
E — Bear's Breech, Greek Acanthos
D — Akanthus
Da — Akantus
Sv — Björnkloört, Akantus

Acanthus mollis L.

Adiantum reniforme L.
var. *reniforme*

P — Feto Redondo
F — Capillaire réniforme
E — Kidney-Leaved Fern
D — Nierenblättriger Frauenhaarfarn
Da — Nyrebladet Venusbregne
Sv — Njurformig Adiantum

| 4-9 | 5-20 cm | Madeira, Canárias
Cabo Verde
África Ocidental, Madagascar | Adiantaceae | 20-1000 m |

Arbusto	Arbrisseau	Shrub	Strauch	Busk	Buske	25
12-2	40-70 cm	Marrocos	Crassulaceae		0-600 m	

P — Ensaião, Saião
F — Joubarbe en arbre
E — Tree Houseleek
D — Baum-Äonium
Sv — Trädtaklök

Aeonium arboreum (L.) W. & B.
Syn.: *Sempervivum arboreum* L.

P — Ensaião, Saião
F — Joubarbe plateau
E — Disc Houseleek, Saucer Plant
D — Drüsen-Äonium
Sv — Körteltaklök

Aeonium glandulosum (Ait.) W. & B.
Syn.: *Sempervivum glandulosum* Ait.
S. patina Lowe

| 4-6 | 2-25 cm | Madeira | Crassulaceae | 0-1500 m |

27

| 5-9 | 10-70 cm | Madeira | Crassulaceae | 0-800 m |

P — Ensaião, Saião, Farrobo
F — Joubarbe glutineuse
E — Viscid Houseleek
D — Kleb-Äonium
Sv — Klibbtaklök

Aeonium glutinosum (Ait.) W. & B.
Syn.: *Sempervivum glutinosum* Ait.

Agapanthus praecox Willd.
emend. Leighton
ssp. *orientalis* (Leighton) Leighton
Syn.: *A. orientalis* Leighton

P — Agapantos, Coroas de Henrique
F — Agapanthe, Tubéreuse bleue, Agapanthe à ombelle
E — Agapanthus, African Lily, Lily of the Nyle
D — Afrikanische Liebesblume
Da — Skærmlilje
Sv — Agapantus, Afrikas blå Lilja

5-9	30-70 cm	África do Sul	Liliaceae	0-1200 m
Erva	Herbe	Herb	Kraut	Urt	Ört

28

Agathis brownii (Lem.) L.H. Bailey
Syn.: *A. robusta* (C. Moore ex F.v. Muell.) F. M. Bailey

- P — **Pinheiro de Damara, P. com Folha de Alegra-Campo**
- F — **Copal de Manille, Kauri, Kori**
- E — **Kawri of the East Indies**
- D — **Queensland-Kauri**
- Da— **Kauritræ**
- Sv — **Kauriträd**

3	10-20 m	Austrália	Araucariaceae	0-100 m
Árvore	Arbre	Tree	Baum	Træ	Träd

Agave americana L.

P — Piteira, Pita, Agave
F — Agave d'Amérique, Abécédaire
E — Century Plant, American Aloe
D — Amerikanische Agave, Hundertjährige Aloe
Da — Alm. Agave
Sv — Hundraårs Agave

| 7-8 | 4-8 m | México | Agavaceae | 0-500 m |

ILHA DO PORTO SANTO

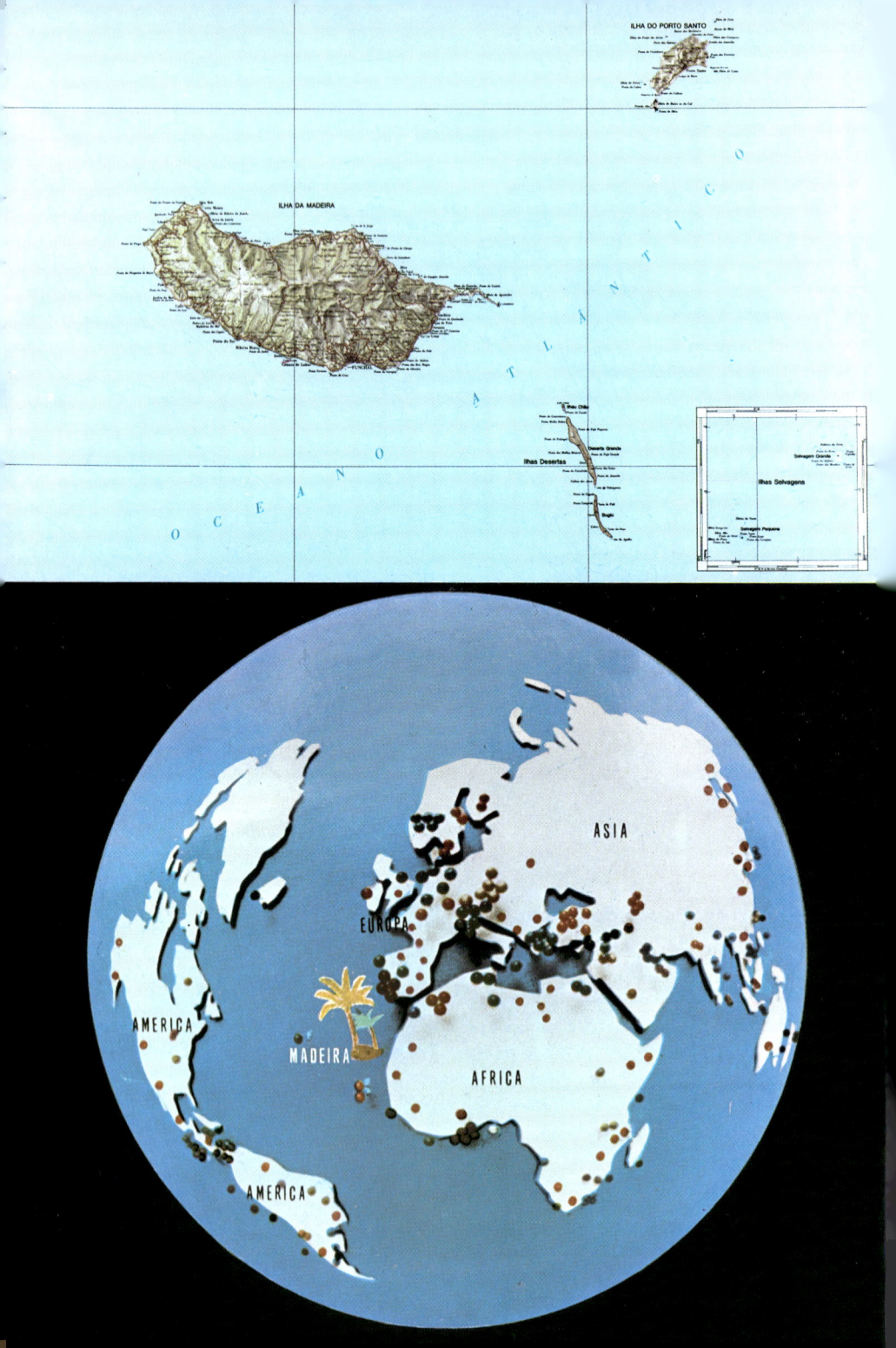

ILHA DA MADEIRA

Ilhéu Chão
Ilhas Desertas
Deserta Grande
Bugio

Ilhas Selvagens
Selvagem Grande
Selvagem Pequena

OCEANO ATLÂNTICO

ASIA
EUROPA
AMERICA
MADEIRA
AFRICA
AMERICA

Zantedeschia aethiopica (L.) K. Spreng.
Syn.: *Calla aethiopica* L.
Richardia africana Kunth

P — Jarros, Bocas de Jarro
F — Calla d'Afrique, Arum d'Ethiopie, Richardie
E — Calla, Calla Lily, Arum Lily
D — Zimmerkalla
Da — Stuekalla
Sv — Kalla

11-6	50-80 cm	África do Sul	Araceae	0-800 m
Erva	Herbe	Herb	Kraut	Urt	Ört

Erva	Herbe	Herb	Kraut	Urt	Ört	*33*
3-7	30-80 cm		México	Asteraceae		0-600 m

P — Falsa Abundância
F — Eupatoire du Mexique
E — Eupatorium, Hemp Agrimony
D — Wasserdost
Sv — Flockel

Ageratina riparia (Regel) King & Robinson
Syn.: *Eupatorium riparium* Regel

34	Erva	Herbe	Herb	Kraut	Urt	Ört
6-7	20-30 cm	Madeira		Crassulaceae	400-1000 m	

P — Ensaião da Madeira
F — Orpin de Madère, Joubarbe de Madère
E — Madeira Stonecrop
D — Sperrige Fetthenne
Sv — Madeirataklök

Aichryson divaricatum (Ait.) Praeg.
Syn.: *Sedum divaricatum* Ait.
Sempervivum divaricatum (Ait.) Lowe

Aichryson villosum (Ait.) W. & B.
Syn.: *Sempervivum villosum* Ait.
S. stellatum J. E. Smith
S. barretii Mnzs.

P — Ensaião Felpudo
F — Orpin vellu, Patte de lapin
E — Downy Stonecrop
D — Zottige Fetthenne
Sv — Lurvig Taklök

| 4-7 | 5-15 cm | Açores, Madeira | Crassulaceae | 0-1300 m |
| Erva | Herbe | Herb | Kraut | Urt | Ört |

Aizoon canariense L.

P — "Sempre-Viva" das Canárias
F — Lanquette des Canaries
E — Purslane, Canary Aizoon
D — Kanarisches "Immergrün"
Sv — Kanarisk Aizoon

| 3-6 | 10-20 cm | Madeira, Canárias, Cabo Verde, Norte de África até Ásia Ocidental | Aizoaceae | 0-200m |

Albizia distachya (Vent.) Macbr.
Syn.: *A. lophantha* (Willd.) Benth.
Acacia lophantha Willd.

P — Acácia, Albízia
F — Albizzia, Mimosa (ou Acacia) à fleurs en touffes
E — Plume Albizia
D — Büschelblütige Albizie, Zylinder-Albizie
Da — Stue-Akacie
Sv — Rumsakacia

10-1	1,5-5 m	Austrália	Mimosaceae	0-600 m
Pequena Árvore	Petit Arbre	Small Tree	Kleiner Baum	Lille træ	Litet Träd

Albizia julibrissin Durazz.

E —	Pink Siris, Silk Tree, Persian Acacia		
D —	Seidenrosenbaum, Albizie		
P —	Albízia de Constantinopla, Árvore da Seda		
Sv —	Silkesträd		
F —	Arbre de soie, Albizzia		

5-7	5-10 m	Da Pérsia à China	Mimosaceae	0-400 m
Árvore	Arbre	Tree	Baum	Træ	Träd

Trepadeira	Pl. Grimpante	Climber	Kletterpflanze	Klatreplante	Klängväxt	*39*
7-11	2-4 m	América do Sul (Zona Tropical)	Apocynaceae		0-200 m	

P — Alamanda, Flor de Manteiga
F — Allamanda, Orélie de Guyane, Liane à lait
E — Allamanda, Golden Trumpet
D — Allamanda
Sv — Allamanda

Allamanda cathartica L.

Aloë arborescens Mill.

P — Aloés, Babosas, Foguetes de Natal
F — Aloès arborescent, Cornes de bélier
E — Sword Aloe
D — Baum-Aloe
Da — Semperfi
Sv — Trädaloe

| 10-1 | 0,5-1,5 m | África do Sul | Liliaceae | 0-600 m |

Aloë barbadensis Mill.
Syn.: *Aloë vera*
(L.) W. & B. non Mill.
Aloë vulgaris Lam.

P — Aloés, Babosas
F — Aloès ordinaire
E — Barbadoes Aloe, Common Aloe
D — Echte Aloe
Da — Aloe
Sv — Äkta Aloe

| 12-6 | 30-80 cm | Mediterrâneo | Liliaceae | 0-300 m |

Aloë ciliaris Haw.

P — Aloés
F — Aloès
E — Climbing Aloe
D — Bewimperte Aloe
Da — Aloe
Sv — Trådaloe

| 1-5 | 0,5-1,5 m | África do Sul | Liliaceae | 0-600 m |

Aloë plicatilis (L.) Mill.

P — Aloés
F — Aloès en éventail
E — Fan Aloe
D — Fächer-Aloe
Da — Aloe
Sv — Solfjäderaloe

| 4-5 | 1-2 m | África do Sul | Liliaceae | 0-400 m |

Alpinia zerumbet (Pers.) B. L. Burtt & R. M. Sm.
Syn.: *Alpinia nutans* auct. non Rosc.
A. speciosa (J. C. Wendl.) K. Schum. non A. Dietr.
Catimbium speciosum (J. C. Wendl.) Holtt.

P — Alpínia
F — Alpinia, «balisier», «longose»
E — Shell Plant, Shell Ginger, Porcelain Lily
D — Nickende Alpinie
Sv — Alpinia

5-6	1,5-2 m	China, Japão	Zingiberaceae	0-200 m
Erva	Herbe	Herb	Kraut	Urt	Ört

Andryala crithmifolia Ait.

P — Andríala
F — Andryale, Andriale
E — Andryala, Sow Thistle
D — Andryala, Wolldistel
Sv — Andryala

| 5-7 | 0,3-1 m | Madeira | Asteraceae | 0-200 m |

Erva	Herbe	Herb	Kraut	Urt	Ört
4-8	20-50 cm	Madeira, Canárias, Noroeste da África	Asteraceae		0-200 m

P — Bofe de Burro, Andríala
F — Andryale glanduleuse
E — Andryala, Downy Sow Thistle
D — Goldlackblättrige Wolldistel
Sv — Klibbfibbla

Andryala glandulosa Lam. ssp. *glandulosa*

Andryala glandulosa Lam.
ssp. *varia* (Lowe ex DC.) R. Fern.
Syn.: *A. cheiranthifolia* L'Hérit.
A. varia Lowe ex DC.

P — **Andríala**
F — **Andryale variable**
E — **Andryala, Sow Thistle**
D — **Goldlackblättriger Wolldistel**
Sv — **Klibbfibbla**

4-10	20-50 cm	Madeira, Canárias	Asteraceae	0-900 m
Erva	Herbe	Herb	Kraut	Urt	Ört

Annona cherimola Mill.

P — Anoneira
F — Annonier, Cherimolier, Corossol du Pérou
E — Custard Apple Tree
D — Cherimoya, Zuckerapfelbaum
Da — Cherimoja
Sv — Cherimoya, Kirimoja

5-7	3-10 m	Peru, Equador	Annonaceae	0-400 m
Árvore	Arbre	Tree	Baum	Træ	Träd

Anredera cordifolia (Ten.) Steenis
Syn.: *Boussingaultia cordifolia* Ten.
B. baselloides auct. non H.B.K.

P — **Boussingaultia**
F — **Boussingaultie, Baselle tubéreuse, Patate d'Amérique, Liane tubéreuse, Liane de miel**
E — **Madeira Vine**
D — **Boussingaultie, Klimmelde**
Sv — **Basellapotatis**

| 7-9 | 0,5-3 m | América do Sul (Zona Tropical) | Basellaceae | 0-300 m |

Trepadeira   Pl. Grimpante   Climber   Kletterpflanze   Klatreplante   Klängväxt

Anthurium × *cultorum* Birdsey
Syn.: *A. andreanum* hort. non Lind.

P — Antúrio
F — Anthurium, Flamant-rose
E — Flamingo Flower
D — Grosse Flamingoblume
Da — Flamingoblomst
Sv — Flamingoblomma

| 1-12 | 30-80 cm | (Cultivar) | Araceae | 0-500 m |

51

| 1-12 | 20-40 cm | (Cultivar) | Araceae | 0-500 m |

P — Rabinho de Porco, Antúrio
F — Queue de rat, Queue de cochon
E — Flamingo Flower, Tail Flower
D — Kleine Flamingoblume, Schwanzblume
Da — Flamingoblomst
Sv — Flamingoblomma

Anthurium scherzerianum (Hybrid)

52	Erva	Herbe	Herb	Kraut	Urt	Ört
	5-7	10-30 cm	Madeira		Fabaceae	800-1800 m

P — Antilídea da Madeira
F — Anthyllide argenté, Anthylle
E — Madeira Kidney-Vetch, Silver Bush
D — Madeira-Wundklee
Da — Madeira-Rundbælg
Sv — Madeiragetväppling

Anthyllis lemanniana Lowe

Antigonon leptopus Hook. & Arn.

P — Corriola de N.ª S.ª de Fátima, Amor Agarradinho
F — Liane corail, Liane aurore
E — Love's Chain, Coral Vine, Mexican Creeper
D — Rosenknöterich
Da — Kærlighedsvin, Engletåre
Sv — Rosensky

| 7-10 | 2-4 m | México | Polygonaceae | 0-400 m |

Trepadeira   Pl. Grimpante   Climber   Kletterpflanze   Klatreplante   Klängväxt   53

54	Árvore	Arbre	Tree	Baum	Træ	Träd
	10-3	10-20 m	Madeira, Canárias	Lauraceae		0-700 m

P — Barbusano
F — Laurier de Ténériffe, Laurier des Canaries
E — Canary Laurel
D — Kanarischer Lorbeer
Sv — Kanarisk Lager

Apollonias barbujana (Cav.) Bornm.
Syn.: *A. canariensis* (Willd.) Nees
Phoebe barbujana (Cav.) W. &. B.
Laurus b. Cav.
Laurus c. Willd., non W. & B.

Aptenia cordifolia (L. f.) Schwant.
Syn.: *Mesembryanthemum cordifolium* L.f.

P — Apténia
F — Ficoïde à feuilles en coeur
E — Heart-Leaved Fig-Marigold, Baby Sun Rose
D — Herzblättrige Mittagsblume
Da — Middagsblomst
Sv — Hjärtreva

| 3-9 | 0,5-1,3 m | África do Sul | Aizoaceae | 0-500 m |

56	Erva	Herbe	Herb	Kraut	Urt	Ört
3-7	5-15 cm	Sul da Europa, Sudoeste da Ásia	Brassicaceae	200-1500 m

P — **Agrião da Rocha**
F — **Arabette du Caucase**
E — **Rock Cress, Mountain Snow**
D — **Kaukasische Gänsekresse**
Da — **Hvid Kalkkarse**
Sv — **Fagertrav**

Arabis caucasica Schlechtend.
Syn.: *A. albida* Stev. ex M. Bieb.

Araucaria bidwillii Hook.

P — Araucária da Queenslândia
F — Araucaria, Pin d'Australie
E — Bunya Pine
D — Bunya-Bunya-Baum, Araukarie «Affenschreck»
Da — Araukarie
Sv — Bidvills Araukaria

| 3-4 | 6-20 m | Austrália | Araucariaceae | 0-600 m |

| Árvore | Arbre | Tree | Baum | Træ | Träd |

Araucaria heterophylla (Salisb.) Franco
Syn.: *Araucaria excelsa* auct.

P — Araucária
F — Araucarie, Pin de Norfolk, Sapin d'appartement
E — Araucaria, Norfolk Island Pine
D — Norfolktanne, Zimmertanne
Da — Norfolk-Gran
Sv — Rumsgran

| 3-4 | 10-20 m | Ilha Norfolk | Araucariaceae | 0-600 m |

58 Árvore Arbre Tree Baum Træ Träd

Árvore	Arbre	Tree	Baum	Træ	Träd	59
4-6	5-10 m	Austrália	Arecaceae		0-500 m	

P — Palmeira Elegante
F — Palmier élégant
E — Elegant Palm
D — Archontophoenix-Palme, Herrscher-Palme
Sv — Elegantpalm

Archontophoenix cunninghamiana (H. Wendl.) H. Wendl. & Drude

Arctotis stoechadifolia Berg.
Syn.: *A. grandis* Thunb.

P — Arctótis, Margarida Africana
F — Arctotis, Arctotide, Arctotide élevée
E — African Daisy, Bear's Ear
D — Bärenohr
Da — Bjørneøre
Sv — Björnöra

1-5	20-50 cm	África do Sul	Asteraceae	200-900 m
Erva	Herbe	Herb	Kraut	Urt	Ört

Árvore	Arbre	Tree	Baum	Træ	Träd	61
4-7	10-15 m	Brasil	Arecaceae		0-500 m	

P — Coqueiro de Jardim
F — Cocotier plumeux
E — Queen Palm, Feather Palm
D — Schmuck-Kokospalme, Feder-Kokospalme
Da — Fjerpalme
Sv — Drottningpalm, Fjäderpalm

Arecastrum romanzoffianum (Cham.) Becc.
Syn.: *Cocos romanzoffiana* Cham.
C. plumosa Hook.

Erva	Herbe	Herb	Kraut	Urt	Ört
6-9	20-50 cm	México	Papaveraceae	0-700 m	

P — Papoila do México
F — Argemone, Figue de l'enfer, Pavot épineux
E — Prickly Poppy, Mexican Poppy
D — Stachelmohn, Distelmohn, Argemone
Da— Pigvalmue
Sv — Gul Taggvallmo

Argemone mexicana L.
var. *ochroleuca* (Sweet) Lindl.
Syn.: *A. ochroleuca* Sweet

Arbusto	Arbrisseau	Shrub	Strauch	Busk	Buske	63
5-7	0,5-1,2 m	Madeira	Asteraceae		0-450 m	

P — Estrelas, Malmequeres
F — Chrysanthème sauvage, Marguerite de Madère
E — Blood-Eyed Chrysanthemum
D — Blutrotaugige Wucherblume
Da — Madeira-Margerit
Sv — Madeira Margerit

Argyranthemum haematomma (Lowe) Lowe
Syn.: *Chrysanthemum h.* Lowe
C. barretti Costa

64	Arbusto	Arbrisseau	Shrub	Strauch	Busk	Buske
	3-4	15-50 cm	Madeira	Asteraceae		0-100 m

P — Pampilhos
F — Chrysanthème de Mandon, Marguerite de Mandon
E — Mandon's Chrysanthemum
D — Fleischige Wucherblume
Sv — Mandons Margerit

Argyranthemum pinnatifidum (L.f.) Lowe
ssp. *succulentum* (Lowe) Humphr.
Syn.: *Chrysanthemum mandonianum* Coss.

Armeria maderensis Lowe
Syn.: *A. maritima* (Mill.) Willd.
ssp. *maderensis* (Lowe) Bern.

- P — **Arméria da Madeira**
- F — **Statice, Armérie de Madère**
- E — **Madeira Thrift, Madeira Sea-Pink**
- D — **Madeira-Grasnelke**
- Da — **Madeira-Engelskgræs**
- Sv — **Madeiratrift**

| 6-8 | 10≠30 cm | Madeira | Plumbaginaceae | 1700-1800 m |

| Erva | Herbe | Herb | Kraut | Urt | Ört |

Artemisia argentea L'Hérit.

P — Losna
F — Armoise de Madère
E — Artemisia
D — Madeira-Beifuss
Da — Madeira-Bynke
Sv — Madeirasilvermalört

5-7	40-80 cm	Madeira	Asteraceae	0-500 m
Arbusto	Arbrisseau	Shrub	Strauch	Busk	Buske

Erva	Herbe	Herb	Kraut	Urt	Ört	67
8-10	2-4 m		Mediterrâneo	Poaceae	0-750 m	

P — Cana Vieira, Cana de Roca, Cana
F — Canne de Provence, Roseau géant
E — Giant Reed
D — Pfahlrohr, Riesenschilf, Spanisches Rohr
Da — Kæmperør
Sv — Spanskrör

Arundo donax L.

Asclepias curassavica L.

P — Planta da Seda
F — Herbe à la ouate, Asclépiade de Curaçao
E — Curaçau Silkweed, Wild Ipecacuanha, Butterfly Weed
D — Curaçao-Seidenpflanze
Da — Rav-Silkeplante
Sv — Röd Sidenört

| 2-10 | 30-80 cm | América Tropical | Asclepiadaceae | 0-300 m |
| 68 Erva | Herbe | Herb | Kraut | Urt | Ört |

Asclepias fruticosa L.
Syn.: *Gomphocarpus fruticosus* (L.) R. Br.

P — **Planta da Seda**
F — **Faux-Cotonnier, Asclépiade**
E — **Silk Plant, Wild Cotton**
D — **Nagelfrucht, Strauchige Seidenpflanze**
Sv — **Busksidenört**

5-11	0,7-1,5 m	África do Sul	Asclepiadaceae	100-900 m
Arbusto	Arbrisseau	Shrub	Strauch	Busk	Buske

Asparagus umbellatus Link
ssp. *lowei* (Kunth) Valdés
Syn.: *A. lowei* Kunth
A. scaber Lowe

P — Esparto da Madeira
F — Asperge à ombelles, Asperge sauvage
E — Madeira Asparagus
D — Doldiger Spargel
Sv — Flocksparris

| 11-1 | 1-3 m | Madeira | Liliaceae | 0-500 m |
| Trepadeira | Pl. Grimpante | Climber | Kletterpflanze | Klatreplante | Klängväxt |

Erva	Herbe	Herb	Kraut	Urt	Ört	71
4-7	10-30 cm	Europa Ocidental, Mediterrâneo Ocidental Canárias		Aspleniaceae	0-300 m	

P — **Avenca do Mar**
F — **Doradille marine, Doradille littorale**
E — **Sea Spleenwort**
D — **Meeresstrand-Streifenfarn**
Da — **Strand-Radeløv**
Sv — **Havsbräken**

Asplenium marinum L.

Asplenium monanthes L.

P — Falsa Avenca
F — Faux Capillaire
E — Maidenhair Spleenwort
D — Streifenfarn, Steinfeder
Da — Radeløv
Sv — Bergbräken

| 5-9 | 20-30 cm | América Central e do Sul, Hawaii, África, Madagascar, toda a Macaronésia | Aspleniaceae | 300-1000 m |

| Erva | Herbe | Herb | Kraut | Urt | Ört |

Atriplex halimus L.

P — Salgadeira
F — Pourpier de mer, Arroche, Halime
E — Shrubby Goosefoot, Shrubby Orache, Tree Purslane
D — Melde, Halimus
Da — Mælde
Sv — Målla

7-8	1-2 m	Mediterrâneo	Chenopodiaceae	0-100 m (Porto Santo)
Arbusto	Arbrisseau	Shrub	Strauch	Busk · Buske

Bauhinia variegata L.

P — Bauínia, Árvore de S. Tomé
F — Pied de chameau, Bauhine, Deux jumelles, Caractère des hommes
E — Camel's Foot Tree, Orchid Tree
D — Bauhinie, Berg-Ebenholz, St. Thomasbaum
Da — Abetrappe
Sv — Orkidéträd, Kamelfotträd

1-4	2-4 m	Himalaia, China	Fabaceae	0-300 m
Árvore	Arbre	Tree	Baum	Træ	Träd

Erva	Herbe	Herb	Kraut	Urt	Ört	75
1-12	0,5-1,2 m	Jamaica	Begoniaceae		0-500 m	

P — Corações, Begónia Sempre-em-Flor
F — Bégonie nain
E — Begonia
D — Begonie, Schiefblatt
Da— Begonie
Sv — Glansbegonia

Begonia minor Jacq.
Syn.: *B. nitida* Ait.

Berberis maderensis Lowe
Syn.: *B. lycioides* Lowe non Stapf

P — **Ameixieira de Espinho, Fustete**
F — **Épine-Vinette de Madère**
E — **Madeira Barberry**
D — **Madeira-Sauerdorn, Madeira-Berberitze**
Da — **Madeira-Berberis**
Sv — **Madeiraberberis**

5-6	1-2 m	Madeira	Berberidaceae	700-900 m
Arbusto	Arbrisseau	Shrub	Strauch	Busk	Buske

Trepadeira	Pl. Grimpante	Climber	Kletterpflanze	Klatreplante	Klängväxt	77
7-9	3-6 m	Tibete, China Ocidental		Polygonaceae	0-300 m	

P — Manto de Noiva
F — Renouée du Turkestan
E — Climbing Knotweed, Silver Lace Vine
D — Chinesischer Schling-Knöterich, Aubert-Knöterich
Da — Sølvregn
Sv — Silverregn

Bilderdykia aubertii (L. Henry) Moldenke
Syn.: *Polygonum aubertii* L. Henry

Bougainvillea (Hybrids)

P	—	**Buganvílea**			
F	—	**Bougainvillée**			
E	—	**Bougainvillea, Paper Flower**			
D	—	**Bougainvillea, Drillingsblume**			
Da	—	**Trillingranke**			
Sv	—	**Bougainvillea, Trillingblomma**			

1-12	2-10 m	Brasil	Nyctaginaceae	0-450 m
78	Trepadeira	Pl. Grimpante	Climber	Kletterpflanze	Klatreplante	Klängväxt

| Árvore | Arbre | Tree | Baum | Trae | Träd | 79 |

| 4-9 | 6-9 m | Austrália | Sterculiaceae | 0-200 m |

P — **Árvore do Fogo**
F — **Sterculier, Sterculia à feuilles d'érable**
E — **Flame Tree**
D — **Australischer Flammenbaum**
Da — **Flammetræ**
Sv — **Flamträd**

Brachychiton acerifolium (A. Cunn.) F. v. Muell.
Syn.:
Sterculia acerifolia A. Cunn.

Brachychiton (Hybrid)

P — Árvore do Fogo
F — Sterculier
E — Flame Tree
D — Flammenbaum
Da — Flammetræ
Sv — Flamträd

| 5-8 | 6-10 m | Sterculiaceae | 0-300 m |

80 — Árvore — Arbre — Tree — Baum — Træ — Träd

Brahea armata S. Wats.
Syn.: *Erythea armata* (S. Wats.) S. Wats.

P — Palmeira Azul
F — Palmier bleu, Palmier en éventail, Palmier de Guadeloupe
E — Mexican Blue Palm
D — Mexikanische Blaupalme, Braheapalme
Da — Blåpalme
Sv — Blåpalm

8-10	10-15 m	Califórnia, México	Arecaceae	0-500 m
Árvore	Arbre	Tree	Baum	Træ	Träd

Breynia disticha J. R. & G. Forst.
Syn.: *Phyllanthus nivosus* W. G. Sm.
B. nivosa (W. G. Sm.) Small

P — Breinia, Filanto

F — Phyllanthe, Phyllanthus

E — Leaf Flower, Foliage-Flower

D — Blattblume, Schneebusch

Sv — Breynia

7-9	1-2 m	Ilhas do Sul do Pacífico	Euphorbiaceae	0-300 m
Arbusto	Arbrisseau	Shrub	Strauch	Busk	Buske

Arbusto	Arbrisseau	Shrub	Strauch	Busk	Buske	83
4-9	1,5-2,5 m	América do Sul		Solanaceae	0-600 m	

P — **Trombeteira**
F — **Trompette du Jugement dernier, Stramoine en arbre**
E — **Angel's Trumpet**
D — **Baumstechapfel, Engelstrompete**
Da — **Engletrompet**
Sv — **Färgad Änglatrumpet**

Brugmansia versicolor Lagerh.
Syn.: *Datura mollis* Safford

Arbusto	Arbrisseau	Shrub	Strauch	Busk	Buske
3-7	1-2 m	Brasil	Solanaceae		0-550 m

P — **Manacá, Brunfélsia**
F — **Brunfelsia, Bois plié, Connaubaril**
E — **Franciscea**
D — **Brunfelsie**
Sv — **Brunfelsia**

Brunfelsia pauciflora (Cham. & Schlecht.) Benth. var. *calycina* J. A. Schmidt
Syn.: *B. calycina* Benth.
Franciscea c. (Benth.) Hook.

| 9-11 | 30-40 cm | África do Sul | Amaryllidaceae | 300-900 m |

P — Açucenas da Serra, Belas Donas
F — Amaryllis belladone, Amaryllis Belle Dame, Lis rose
E — Belladonna Lily, Cape Belladonna
D — Belladonnenlilie, Kap-Belladonna
Da — Belladonna-Lilje
Sv — Kapamaryllis

Brunsvigia rosea (Lam.) Hannibal
Syn.: *Amaryllis belladonna* auct. non L.

Bupleurum salicifolium R. Br. in Buch
ssp.: *salicifolium*, var. *salicifolium*

P — **Bupleuro**
F — **Buplèvre à feuilles de saule**
E — **Willow-leaved Hare's Ear**
D — **Weidenblättriges Hasenohr**

| 6-9 | 0,5-1 m | Madeira, Canárias | Apiaceae | 300-1500 m |

| Arbusto | Arbrisseau | Shrub | Strauch | Busk | Buske |

Arbusto	Arbrisseau	Shrub	Strauch	Busk	Buske	87
6-7	0,5-1 m	Madeira	Lamiaceae		200-900 m	

P — Quebra-Panela
F — Bystropogon poivré de Madère, "Menthe-arbrisseau" de Madère
Sv — Maderiansk Timjanbuske

Bystropogon maderensis Webb
Syn.: *B. piperitus* Lowe

Callistemon rigidus R. Br.

- P — Martinete
- F — Callistème dressé
- E — Stiff Bottlebrush
- D — Starrer Zylinderputzer, Reiherbusch
- Da — Lampepudser
- Sv — Lampborste

4-6	1-2 m	Austrália	Myrtaceae	0-450 m
Arbusto	Arbrisseau	Shrub	Strauch	Busk	Buske

Callistemon viminalis (Soland.) Cheel.

- P — Martinete Chorão
- F — Callistème à feuille de saule
- E — Weeping Bottlebrush, Drooping Bottlebrush
- D — Rutenförmiger Zylinderputzer
- Da — Lampepudser
- Sv — Hänglampborste

2-7	3-6 m	Austrália	Myrtaceae	0-400 m
Árvore	Arbre	Tree	Baum	Træ	Träd

89

90	Árvore	Arbre	Tree	Baum	Træ	Träd
4-5	3-6 m		África do Sul África Oriental	Rutaceae		0-200 m

P — Castanheiro do Cabo
F — Calodendron du Cap
E — Cape Chestnut
D — Kap-Rautenbaum, Kapkastanie
Da — Kapkastanie
Sv — Kapkastanje

Calodendrum capense (L.f.) Thunb.

Canna (Hybrids)

P — Canas da Índia, Conteiras, Bananeiras de Flor
F — Balisier, Canne d'Inde
E — Indian Shot
D — Indisches Blumenrohr
Da — Kanna
Sv — Kanna

4-10	0,5-1 m	Antilhas, América Central, América do Sul	Cannaceae	0-300 m
Erva	Herbe	Herb	Kraut	Urt Ört

Cantua buxifolia J. Juss. ex Lam.

P — Cântua
F — Cantua
E — Peruvian Magic Tree
D — Cantue
Sv — Boliviabuske

| 2-5 | 1,5-2 m | Peru, Bolívia | Polemoniaceae | 300-600 m |
| Arbusto | Arbrisseau | Shrub | Strauch | Busk | Buske |

Cardiospermum grandiflorum Sw.

P — **Corriola dos Balões**
F — **Cardiosperme, Pois de coeur, Coeur des Indes, Pocpoc, Corinde**
E — **Balloon Vine, Heart Seed, Love-in-a-Puff**
D — **Ballonrebe, Ballonpflanze**
Da — **Ballonvin**
Sv — **Ballongvin**

1-12	1-10 m	América e África (Zonas Tropicais)	Sapindaceae	0-400 m
Trepadeira	Pl. Grimpante	Climber	Kletterpflanze	Klatreplante	Klängväxt

93

94	Erva	Herbe	Herb	Kraut	Urt	Ört
	5-8	0,5-1,2 m	Madeira	Asteraceae		0-800 m

P — Cardo
F — Chardon
E — Thistle
D — Sparriger Distel

Carduus squarrosus (DC.) Lowe
Syn.: *Clavena squarrosa* DC.

Carica papaya L.

P	—	Papaieiro, Papaia, Mamoeiro
F	—	Papayer, Arbre à melons
E	—	Papaya Tree, Melon Tree, Papaw, Pawpaw
D	—	Papaya, Melonenbaum
Da	—	Melontræ
Sv	—	Melonträd, Papaya

5-8	3-6 m	América Tropical	Caricaceae	0-400 m	
Árvore	Arbre	Tree	Baum	Træ	Träd

Carlina salicifolia (L. f.) Cav.

P — Carlina, Cardo Branco
F — Carline à feuille de saule
E — Willow-Leaved Carline Thistle
D — Weidenblättrige Eberwurz
Sv — Pilbladstistel

6-8	20-60 cm	Madeira, Canárias	Asteraceae	50-1000 m
Arbusto	Arbrisseau	Shrub	Strauch	Busk	Buske

Carpobrotus edulis (L.) L. Bolus
Syn.: *Mesembryanthemum edule* L.

P — Bálsamo, Chorão
F — Ficoïde, Figue marine, Mesembryanthème
E — Hottentot Fig
D — Mittagsblume, Hottentottenfeige
Da — Middagsblomst
Sv — Middagsblomma, Hottentottfikon

| 3-8 | 1-3 m | África do Sul | Aizoaceae | 0-300 m |

Castanea sativa Mill.
Syn.: *Castanea vesca* Gaertn.

P — Castanheiro
F — Châtaignier, Marronnier
E — Sweet Chestnut Tree, Spanish Chestnut Tree
D — Edel-Kastanienbaum, Ess-Kastanienbaum
Da — Ægte Kastanie
Sv — Äkta Kastanj, Ätlig Kastanj

6-7	3-6 m	Sul da Europa Norte de África Próximo Oriente	Fagaceae	200-1000 m
Árvore	Arbre	Tree	Baum	Træ	Träd

Árvore	Arbre	Tree	Baum	Træ	Träd	99
8-10	5-10 m		Austrália	Casuarinaceae		0-400 m

P — Casuarina
F — Filao, Casuarine, Pin d'Australie
E — Casuarina, Australian Pine, Horse-Tail Tree, Beefwood
D — Streitkolbenbaum, Eisenholz, Kasuarine
Da — Jerntræ
Sv — Järntall, Kasuarina

Casuarina cunninghamiana Miq.

100

| 2-10 | 30-40 cm | (Cultivar) | Orchidaceae | 0-600 m |

P — **Cateleia**
F — **Cattleya**
E — **Cattleya**
D — **Cattleya**
Sv — **Cattleya**

Cattleya (Hybrid)

Cedronella canariensis (L.) W. & B.
Syn.: *C. triphylla* Moench
Dracocephalum canariensis L.

P — Hortelã de Burro, Mentastro
F — Cédronelle, Mélisse des Canaries, Thé des Canaries
E — Balm-of-Gilead Herb, Canary Dragon's Herb
D — Balsam von Gilead, Wohlriechender Drachenkopf, Zitronenkraut

6-8	0,5-1 m	Madeira, Canárias	Lamiaceae	500-1400 m	
Erva	Herbe	Herb	Kraut	Urt	Ört

101

102 Árvore   Arbre   Tree   Baum   Træ   Träd

| 3-5 | 2-6 m | Himalaia | Pinaceae | 850-1400 m |

P — **Cedro Deodara, Cedro do Himalaia**
F — **Cèdre de l'Himalaya, Déodar**
E — **Deodar Cedar, Deodar Pine, Himalayan Cedar, Indian Cedar**
D — **Himalayazeder**
Da — **Himalaja-Ceder**
Sv — **Himalayaceder**

Cedrus deodara (D. Don) G. Don

Centranthus ruber (L.) DC.

P —	Rosa da Rocha, Alfinetes
F —	Valériane rouge, Lilas d'Espagne, Centranthe
E —	Red Valerian, Jupiter's Beard, Pretty Betsy
D —	Rote Spornblume
Da —	Sporebaldrian, Rød Valeriana
Sv —	Röd Valeriana, Flerårig Pipört

3-10	30-50 cm	Mediterrâneo	Valerianaceae	0-500 m
Erva	Herbe	Herb	Kraut	Urt	Ört

Ceratonia siliqua L.

P — Alfarrobeira, Figueira do Egipto
F — Caroubier
E — Carob, Locust Tree, St. John's Bread
D — Johannisbrotbaum, Karube
Da — Johannesbrødtræ
Sv — Johannesbrödträd

11-2	4-7 m	Mediterrâneo	Caesalpiniaceae	0-300 m	
Árvore	Arbre	Tree	Baum	Træ	Träd

Cercis siliquastrum L.

P — Olaia, Árvore de Judas
F — Arbre de Judée
E — Judas Tree, Tree of Judea
D — Judasbaum
Da — Judastræ
Sv — Judasträd

3-5	1,5-2,5 m	Sul da Europa Ásia Menor	Caesalpiniaceae	0-550 m
Pequena Árvore	Petit Arbre	Small Tree	Kleiner Baum	Lille Træ	Litet Träd

Ceterach aureum (Cav.) Buch var. *aureum*
Syn.: *Acrostichum aureum* Cav.
C. officinarum DC. var. *aureum* (Cav.) Mnzs.

P — **Doiradinha**
F — **Cétérach doré**
E — **Rusty-Back Fern, Scale Fern**
D — **Wollfarn**
Sv — **Mjältbräken**

| 4-9 | 15-20 cm | Madeira, Canárias Cabo Verde | Aspleniaceae | 0-700 m |

Chamaecyparis lawsoniana
(A. Murray) Parl.
Syn.: *Cupressus lawsoniana*
A. Murray

P — Camecípares, Cipreste do Oregão
F — Cyprès de Lawson
E — Lawson Cypress, Oregon Cedar, White Cedar
D — Lawsons Scheinzypresse
Da — Ædelcypres
Sv — Ädelcypress

3-10 m	América do Norte	Cupressaceae	600-1300 m
Árvore	Arbre	Tree	Baum	Træ	Träd

Chamaemeles coriacea Lindl.

P — Buxo da Rocha
F — Faux-Buis
Sv — Madeirabuxbom

12-3	1-1,5 m	Madeira	Rosaceae	0-150 m
Arbusto	Arbrisseau	Shrub	Strauch	Busk	Buske

Chasmanthe aethiopica (L.) N. E. Br.
Syn.: *Antholyza aethiopica* L.

P — Antoliza
F — Lis du Cap, Mérianelle, Antholise
E — Flag-Lily, African Corn-Flag
D — Rachenlilie, Rachenschwertel
Da — Svælglilje
Sv — Antoliza

| 12-3 | 40-70 cm | África do Sul | Iridaceae | 200-750 m |

Choisya ternata H.B.K.

P — **Laranjeira do México**
F — **Oranger du Mexique**
E — **Mexican Orange Flower**
D — **Dreiblättrige Orangenblume**
Sv — **Sanktpatriksbuske**

4-6	1-1,5 m	México	Rutaceae	400-700 m
Arbusto	Arbrisseau	Shrub	Strauch	Busk	Buske

Chorisia speciosa St. Hil.

P — Sumaúma
F — Kapokier, Arbre à soie
E — Kapok Tree, Floss Silk Tree
D — Seidenwollbaum, Kapokbaum
Da — Silkebomuldstræ
Sv — Silkesbomullsträd, Kapokträd

9-10	6-12 m	Brasil e Nordeste da Argentina	Bombacaceae	0-350 m
Árvore	Arbre	Tree	Baum	Træ	Träd	111

112

| 3-6 | 30-80 cm | Mediterrâneo | Asteraceae | 0-400 m |

P — **Margaridas**
F — **Marguerite jaune, Chrysanthème couronné**
E — **Crown Daisy**
D — **Kronen-Wucherblume, Kronenmargerite**
Da — **Kron-Okseøje**
Sv — **Kranskrage**

Chrysanthemum coronarium L.

Árvore	Arbre	Tree	Baum	Træ	Träd	113
1-4	10-20 m	China, Formosa, Japão		Lauraceae	0-300 m	

P — Canforeira
F — Camphrier
E — Camphor Tree
D — Kampferbaum
Da — Kamfertræ
Sv — Kamferträd

Cinnamomum camphora (L.) J. Presl

P — Tangerão
F — Cirse ou Chardon à larges feuilles
E — Big-Leaved Thistle
D — Grossblättrige Kratzdistel
Da — Madeira-Tidsel
Sv — Madeiratistel

Cirsium latifolium Lowe

	6-8	40-80 cm	Madeira	Asteraceae	700-1400 m
	Erva	Herbe	Herb	Kraut	Urt	Ört

Citrus sinensis (L.) Osbeck

P — Laranjeira
F — Oranger
E — Sweet Orange Tree
D — Orange, Apfelsine
Da — Appelsin
Sv — Apelsinträd

2-4	1,5-4 m	China		Rutaceae	0-800 m	
Pequena Árvore	Petit Arbre	Small Tree	Kleiner Baum	Lille Træ	Litet Träd	115

Clethra arborea Ait.

- P — Folhado
- F — Cléthra, Arbre à muguet
- E — Lily-of-the-Valley Tree
- D — Baum-Scheineller, Maiblumenbaum
- Da — Konvalbusk
- Sv — Konvaljebuske

8-10	2-7 m	Madeira	Clethraceae	400-800 m
Árvore	Arbre	Tree	Baum	Træ	Träd

Arbusto	Arbrisseau	Shrub	Strauch	Busk	Buske	*117*
3-4	0,5-1 m	Nova Zelândia	Fabaceae		350-700 m	

P — Cliantos
F — Clianthe
E — Parrot's Bill, Lobster Claw
D — Bogenblume, Prachtblume, Ruhmesblume
Da — Papegøjenæb
Sv — Papegojnäbb

Clianthus puniceus (G. Don) Soland. ex Lindl.

Clivia miniata Regel

P — Clívia
F — Clivia, Clivie
E — Kaffir Lily
D — Klivie, Riemenblatt
Da — Klivia
Sv — Mönjelilja

| 2-10 | 40-60 cm | África do Sul | Amaryllidaceae | 0-300 m |

119

| 7-11 | 40-60 cm | África do Sul | Amaryllidaceae | 0-500 m |

P — **Clívia**
F — **Clivia, Clivie**
E — **Noble Kaffir Lily, Greentip Kaffir Lily**
D — **Edelklivie, Edelriemenblatt**
Da — **Klivia**
Sv — **Kafferlilja**

Clivia nobilis Lindl.

Clytostoma callistegioides (Chamisso) Bureau
Syn.: *Bignonia callistegioides* Chamisso

- P — **Clitostoma**
- F — **Clytostome**
- E — **Painted Trumpet**
- D — **Bunte Trompetenblume**
- Sv — **Trumpetranka**

| 4-5 | 5-10 m | Sul do Brasil Argentina | Bignoniaceae | 0-300 m |

Colocasia esculenta (L.) Schott
Syn.: *Arum esculentum* L.

P — Inhame
F — Taro, Grand Arum, Ignamme
E — Taro, Taro Root, Elephant's Ear
D — Yamswurzel, Taro
Da — Taro, Yam
Sv — Taro

| 5-6 | 0,5-1 m | Trópicos, Sub-Trópicos | Araceae | 0-700 m |

Convolvulus massonii Dietr.
Syn.: *C. solanifolius* Lowe
C. saxatilis Salisb.
C. rupestris Buch
C. suffruticosus Ait.
C. canariensis L. var. *massonii* (Dietr.) Sa'ad

P — **Convólvulos da Madeira**
F — **Liseron de Madère**
E — **Madeira Bindweed**
D — **Madeira-Winde**
Da — **Madeira-Snerle**
Sv — **Madeiravinda**

| 5-6 | 2-6 m | Madeira, Canárias | Convolvulaceae | 200-900 m |

122 Trepadeira   Pl. Grimpante   Climber   Kletterpflanze   Klatreplante   Klängväxt

Arbusto	Arbrisseau	Shrub	Strauch	Busk	Buske	*123*
4-5	0,5-2,5 m	Nova Zelândia	Rubiaceae		0-750 m	

P — Doiradinha
F — Bois caca
E — Mirror Plant
D — Coprosma (Frucht: Coprosmakaffee)
Sv — Coprosma

Coprosma repens A. Rich.
Syn.: *C. baueri* T. Kirk. non Endl.

Coronilla valentina L. ssp. *glauca* (L.) Batt.
Syn.: *C. glauca* L.

P — Coronilha, Pascoinhas
F — Coronille
E — Crown Vetch
D — Blaugrüne Kronwicke, Beilkraut, Kronen-Klee, Kronen-Wicke
Da — Perlebælg
Sv — Kronill

3-5	0,8-2 m	Mediterrâneo Sul de Portugal	Fabaceae	100-600 m
Arbusto	Arbrisseau	Shrub	Strauch	Busk	Buske

Erva	Herbe	Herb	Kraut	Urt	Ört	125
7-10	1,5-2 m	Sul do Brasil Argentina		Poaceae	0-550 m	

P — Plumas, Erva dos Pampas, Capim dos Pampas, Penacho Branco
F — Graminée des Pampas
E — Pampas Grass
D — Pampasgras
Da — Pampasgræs
Sv — Pampasgräs

Cortaderia selloana (Schult. & Schult. f.) Asch. & Graebn.
Syn.: *Gynerium argenteum* Nees

Crambe fruticosa L.f.

P — Crambe
F — Crambe de Madère,
     Chou marin de Madère
E — Madeira Kale
D — Strauchige Meerkohl
Da — Madeira-Strandkål
Sv — Madeirastrandkål

| 3-7 | 30-80 cm | Madeira | Brassicaceae | 0-100 m |

126 | Arbusto | Arbrisseau | Shrub | Strauch | Busk | Buske

127

| 12-2 | 0,5-1 m | África do Sul | Crassulaceae | 0-700 m |

P — Ensaião Branco
F — Crassule argentée
E — Japanese Rubber Plant, Jade Plant, Dollar Plant
D — Silberig Dickblatt
Da — Paradistræ
Sv — Paradisträd

Crassula argentea L.f.
Syn.: *C. portulacea* Lam.

128

| 1-6 | 10-30 cm | Natal, Transvaal | Crassulaceae | 0-700 m |

P — **Crássula**
F — **Crassule**
E — **Crassula**
D — **Dickblatt**
Da — **Griseøre**
Sv — **Grisöra**

Crassula multicava Lem.
Syn.: *C. quadrifida* Bak.

Crithmum maritimum L.

P — Perrexil, Funcho Marinho
F — Perce-pierre, Criste marine, Fenouil marin
E — Rock Samphire
D — Meerfenchel, Seefenchel, Bazillkraut
Da — Strand-Fennikel
Sv — Strandfänkål

7-9	15-25 cm	Litorais da Europa Atlântida, do Mediterrâneo e do Mar Negro	Apiaceae	0-100 m
Erva	Herbe	Herb	Kraut	Urt	Ört

129

130 Árvore   Arbre   Tree   Baum   Træ   Träd

12-4   10-15 m   Japão   Taxodiaceae   600-900 m

P — **Criptoméria**
F — **Cryptoméria du Japon, Cyprès du Japon**
E — **Japanese Cedar**
D — **Japanische Cryptomerie, Sicheltanne**
Da — **Japansk Cypres**
Sv — **Kryptomeria**

Cryptomeria japonica (L. f.) D. Don
Syn.: *Cupressus j.* L. f.

Cryptomeria japonica (L. f.) D. Don
(elegans)

P — **Criptoméria Elegante**
F — **Cryptoméria du Japon, Cyprès du Japon**
E — **Japanese Cedar**
D — **Japanische Cryptomerie, Sicheltanne**
Da — **Japansk Cypres**
Sv — **Kryptomeria**

	10-20 m	Japão	Taxodiaceae	600-900 m	
Árvore	Arbre	Tree	Baum	Træ	Träd

Cymbidium insigne Rolfe

P — **Orquídea de Haste, Cimbídio**
F — **Cymbidier**
E — **Cymbidium**
D — **Cymbidium, Kahnblume, Kahnorche, Kahnlippe**
Sv — **Cymbidium**

| 1-5 | 0,5-1 m | Vietnam | Orchidaceae | 0-500 m |

Cynara cardunculus L.
var. *ferocissima* Lowe
Syn.: *C. horrida* Ait.

P — Cardo, Pencas
F — Artichaut épineux, Cardon
E — Prickly Cardoon
D — Stachelige Kardone, Stachelige Gemüseartischocke
Da — Kardon
Sv — Vildkardon

| 7-10 | 15-45 cm | Madeira, Canárias | Asteraceae | 50-100 m |

Cyperus papyrus L.

P — Papiros
F — Papyrus, Souchet à papier, Jonc du Nil
E — Egyptian Paper Plant, Papyrus
D — Papyrusstaude, Papiergras
Da — Papyrusplante
Sv — Papyrus, Papperssäv

| 6-9 | 1,5-2,5 m | Egipto | Cyperaceae | 0-400 m |

Cyphomandra betacea (Cav.) Sendtn.

P — Tomateiro Arbóreo, Tomateiro Inglês
F — Tomate en arbre
E — Tomato Tree, Tree Tomato, Tamarillo
D — Tomatenbaum, Baumtomate
Da — Trætomat
Sv — Trädtomat

3-6	2-3 m	América do Sul	Solanaceae	0-600 m	
Arbusto	Arbrisseau	Shrub	Strauch	Busk	Buske	135

P — Giesta das Vassouras
F — Genêt à balais
E — Common Broom
D — Besenginster, Besenkleestrauch
Da — Gyvel
Sv — Harginst, Harris

Cytisus scoparius (L.) Link
Syn.: *Sarothamnus scoparius*
   (L.) Wimm. ex W. D. J. Koch
Genista scoparia (L.) Lam.
Spartium scoparius L.

| 3-7 | 1-2 m | Europa | Fabaceae | 0-1400 m |

| 136 | Arbusto | Arbrisseau | Shrub | Strauch | Busk | Buske |

Dactylorhiza foliosa (Vermeulen) Soó
Syn.: *Dactylorchis foliosa* Vermeulen
Orchis foliosa Soland. ex Lowe non Swartz
O. maderensis Summerhayes

P — **Orquídea da Serra**
F — **Orchidée de Madère**
E — **Madeira Orchid**
D — **Madeira-Knabenkraut**
Da — **Madeira-Gøgeurt**
Sv — **Madeiranycklar**

5-7	20-50 cm	Madeira	Orchidaceae	750-900 m
Erva	Herbe	Herb	Kraut	Urt	Ört

137

Datura candida (Pers.) Saff.
Syn.: *Brugmansia c.* Pers.

- P — **Trombeteira, Belas Noites**
- F — **Trompette du Jugement dernier**
- E — **Angel's Trumpet, Angel's Tears**
- D — **Weisser Stechapfel**
- Da — **Englebasun**
- Sv — **Änglabasun, Änglatrumpet**

1-12	2-4 m	(Cultivar)	Solanaceae	0-550 m
Arbusto	Arbrisseau	Shrub	Strauch	Busk	Buske

Dichorisandra thyrsiflora Mikan f.

P — Dicorisandra
F — Dichorisandra
E — Blue Ginger, Blue-Flowered Bamboo
D — Doppelbeutel, Straussblütige Dichorisandra, Doppeldrilling
Sv — Blåingefära

| 9-1 | 1-1,5 m | Brasil | Commelinaceae | 0-350 m |

140	Planta rastejante	Plante rampante	Creeping plant	Kriechende Pflanze	Krybende plante
	8-9	10-15 cm	Madeira, Açores	Lycopodiaceae	900-1100 m

P — Licopódio, Enxôfre Vegetal
F — Lycopode de Madère
E — Madeira Club Moss
D — Madeira-Bärlapp
Da — Madeira-Ulvefod
Sv — Madeiralummer

Diphasium madeirense (Wilce) Rothm.
Syn.: *Diphasiastrum m.* (Wilce) Holub
Lycopodium m. Wilce

Trepadeira	Pl. Grimpante	Climber	Kletterpflanze	Klatreplante	Klängväxt	141
1-6	2-5 m		Regiões Tropicais	Fabaceae	0-200 m	

P — Dólicos, Feijão de Bardo, Feijão Cutelinho
F — Fève d'Egypte, Dolic d'Egypte, Dolique lablab
E — Hyacinth Bean, Black-seeded Kidney Bean
D — Ägyptische Fasel, Gemeine Faselbohne, Helmbohne
Da — Hjælmbønne
Sv — Njurböna

Dolichos lablab L.
Syn.: *Lablab vulgaris* Savi

Dombeya wallichii (Lindl.)
Benth. & Hook. f.
Syn.: *Astrapaea wallichii* Lindl.

P — Dombeia, Aurora
F — Dombey, Mahot de Madagascar, Modeste
E — The Tassel Tree of Madagascar, Pink Snowball
D — Wallichs Dombeye, Blütenbombenbaum
Sv — Dombeja

			África Oriental, Madagascar		Sterculiaceae		0-300 m
	11-2	2-5 m					
142	Arbusto	Arbrisseau		Shrub	Strauch	Busk	Buske

| 3-4 | 1,5-2,5 m | Austrália | Amaryllidaceae | 0-450 m |

P — Doriantes
F — Lis-palmier, Doryanthes
E — Spear Lily
D — Speerblume, Spiessblume
Da — Lanseblomst
Sv — Spjutagave

Doryanthes palmeri W. Hill

Doxantha unguis-cati (L.) Rehd.
Syn.: *Bignonia unguis-cati* L.
Macfadyena unguis-cati
(L.) A. Gentry

P — Bignónia Unha-de-Gato
F — Liane à chat, Griffe de chat
E — Cat's Claw Vine
D — Gelbliche Trompetenblume, Katzenklaue
Da — Katteklo
Sv — Trumpetranka, Kattkloranka

| 4-5 | 5-12 m | América Tropical | Bignoniaceae | 0-450 m |

Trepadeira   Pl. Grimpante   Climber   Kletterpflanze   Klatreplante   Klängväxt

Dracaena draco (L.) L.

P — **Dragoeiro**
F — **Dragonnier**
E — **Dragon Tree**
D — **Drachenbaum**
Da — **Drageblodstræ**
Sv — **Drakblodsträd**

8-9	2-6 m	Madeira, Canárias Cabo Verde	Agavaceae	0-600 m
Árvore	Arbre	Tree	Baum	Træ	Träd

145

Drosanthemum floribundum
(Haw.) Schwant.

P — Arrozinho,
    Chorão Baguinho-de-Arroz
F — Fleur à la rosée
E — Dew Flower
D — Reichblütige Mittagsblume,
    Reichblütige Taublume,
    «Schleier der Magdalena»
Sv — Isplanta, Middagsblomma

| 4-7 | 1-2 m | África do Sul | Aizoaceae | 0-400 m |

Duranta repens L.
Syn.: *D. plumieri* Jacq.

P — Duranta
F — Troène d'Amérique, Durante de Plumier
E — Pigeon Berry, Sky Flower, Golden Dew-Drop
D — Kriechende Durante
Sv — Duranta

5-10	2-4 m	América Tropical	Verbenaceae	0-400 m
Arbusto	Arbrisseau	Shrub	Strauch	Busk	Buske

Echium candicans L. f.
Syn.: *E. fastuosum* Dryand. ex Ait., non Salisb.

P — Massaroco
F — Vipérine de Madère
E — Pride of Madeira
D — Stolz Madeiras
Da — Slangehoved
Sv — Madeirasstolthet

5-7	1-1,5 m	Madeira	Boraginaceae	800-1400 m
148 Arbusto	Arbrisseau	Shrub	Strauch	Busk Buske

Echium nervosum Dryand. in Ait.

P — Massaroco
F — Vipérine élégante
E — Pride of Madeira
D — Prächtiger Natternkopf
Da — Slangehoved
Sv — Madeiras Blåeld

1-3	80-120 cm	Madeira	Boraginaceae	0-150 m	
Arbusto	Arbrisseau	Shrub	Strauch	Busk	Buske

Erica arborea L.

P	—	Urze Arbórea, Urze Molar, Betouro
F	—	Bruyère arborescente, Bruyère en arbre
E	—	Tree Heath, Tree Heather, Giant Heather
D	—	Baumheide
Da	—	Trælyng
Sv	—	Trädljung

3-5	2-5 m	Etiópia, Sul do Sudão Mediterrâneo Canárias, Madeira	Ericaceae	600-1860 m

Arbusto	Arbrisseau	Shrub	Strauch	Busk	Buske	*151*
7-8	0,5-1 m	Madeira	Ericaceae		1200-1800 m	

P — **Urze**
F — **Bruyère cendrée de Madère**
E — **Madeira Grey Heather, Madeira Bell-Heather**
D — **Madeira-Glockenheide**
Da — **Madeira-Klokkelyng**
Sv — **Madeiraljung**

Erica maderensis (DC.) Bornm.
Syn.: *E. cinerea* L. var. *maderensis* DC.
E. cinerea Lowe non L.

152	Arbusto	Arbrisseau	Shrub	Strauch	Busk	Buske
	4-6	1-3 m	Madeira, Canárias		Ericaceae	0-1850 m

P — **Urze Durázia, Urze das Vassouras**
F — **Bruyère à balais, Brande**
E — **Besom Heath**
D — **Besenheide**
Da — **Klokkelyng**
Sv — **Kanarieljung**

Erica scoparia L.
ssp. *platycodon* (W. & B.) A. Hansen & Kunk.

Erigeron karvinskianus DC.
Syn.: *E. mucronatus* DC.
Vittadinia triloba hort. non DC.

P — Floricos, Intrometidas
F — Pâquerette des murailles
E — Bony-Tip Fleabane, New Holland Daisy
D — Berufskraut, Beschreikraut, Spanische Gänseblümchen
Da — Bakkestjerne
Sv — Mexicobinka

3-9	20-30 cm	México	Asteraceae	0-1000 m
Erva	Herbe	Herb	Kraut	Urt	Ört

Eriobotrya japonica (Thunb.) Lindl.

P — Nespereira
F — Néflier du Japon
E — Loquat, Loquat Tree, Japan Plum
D — Japanischer Mispelbaum, Loquate, Wollmispel
Da — Japansk Mispel
Sv — Japansk Mispel

10-12	3-6 m	Japão	Rosaceae	0-800 m
Árvore	Arbre	Tree	Baum	Træ	Träd

154

Eriocephalus africanus L.

P — Alecrim da Virgem, Mãozinhas de N.ª Senhora
F — Estragon du Cap, Ériocéphale
E — Wild Rosemary
D — Wollkopf
Sv — Ullknapp

10-12	0,4-1 m	África do Sul	Asteraceae	0-700 m
Arbusto	Arbrisseau	Shrub	Strauch	Busk	Buske

155

Erysimum bicolor (Hornem.) DC.
Syn.: *Cheiranthus bicolor* Hornem.
E. mutabile (L'Hérit.) Wettst.
C. mutabilis L'Hérit.

P — Goivo da Serra
F — Giroflée de Madère, Vélar de Madère
E — Mountain Wallflower, Madeira Mountain Stock
D — Madeira-Schöterich
Da — Madeira-Gyldenlak
Sv — Gyllenlack, Lackviol

	3-6	30-60 cm	Madeira, Canárias	Brassicaceae	500-1700 m
156	Arbusto	Arbrisseau	Shrub	Strauch	Busk	Buske

Erythrina abyssinica Lam.

P — Coralina da Abissínia
F — Érythrine de l'Abyssinie
E — Red Hot Poker Tree, Karat Tree
D — Abessinischer Korallenbaum
Da — Koralbusk
Sv — Abesinskt Korallträd

| 1-5 | 4-8 m | África Tropical | Fabaceae | 0-200 m |

| Árvore | Arbre | Tree | Baum | Trae | Träd |

Erythrina crista-galli L.

P — Coralina Cristada, Coraleira
F — Érythrine Crête de coq
E — Cock's Comb Coral Tree
D — Hahnenkamm-Korallenbaum, Korallenstrauch
Da — Koralbusk
Sv — Tuppkams Koralträd

3-9	1-5 m	Sul do Brasil Paraguai, Uruguai Norte da Argentina	Fabaceae	0-300 m		
	Pequena Árvore	Petit Arbre	Small Tree	Kleiner Baum	Lille Træ	Litet Träd

| Árvore | Arbre | Tree | Baum | Trae | Träd | *159* |

| 11-5 | 3-5 m | África do Sul / África Oriental | Fabaceae | 0-200 m |

Erythrina lysistemon Hutchins.
Syn.: *E. caffra auct.* non Thunb.

- P — Coralina Cafra
- F — Érythrine de la Cafrerie
- E — Kaffir Tree, Lucky Bean Tree
- D — Schmalblütiger Korallenbaum, Kaffern-Korallenbaum
- Da — Koralbusk
- Sv — Kaffer Korallträd

Erythrina speciosa Andrews

P — **Coralina Elegante**
F — **Arbre de corail, Érythrine**
E — **Coral Tree**
D — **Prächtiger Korallenbaum**
Da — **Koralbusk**
Sv — **Praktkorallträd**

1-3	2-3 m	Sul do Brasil	Fabaceae	0-300 m

160 | Pequena Árvore | Petit Arbre | Small Tree | Kleiner Baum | Lille Trae | Litet Träd

Escallonia bifida Link & Otto

P —	Escalónia	
F —	Escallonia, Escallonie	
E —	Escallonia	
D —	Escallonie	
Da —	Escallonia	
Sv —	Escallonia	

3-8	1-2 m	América do Sul	Saxifragaceae	0-300 m	
Arbusto	Arbrisseau	Shrub	Strauch	Busk	Buske

161

162	Erva	Herbe	Herb	Kraut	Urt	Ört
	2-6	20-40 cm	California	Papaveraceae		0-400 m

P — Papoila da Califórnia
F — Pavot de Californie,
	Globe du Soleil,
	Eschscholtzie de Californie,
	Californie
E — Californian Poppy,
	Cups of Flame
D — Schlafmützchen,
	Eschscholtzie,
	Kalifornischer Goldmohn
Da — Guldvalmue
Sv — Sömntuta

Eschscholzia californica Cham.

Eucalyptus ficifolia F. v. Muell.

P — Eucalipto de Flor
F — Eucalyptus rouge
E — Red Flowering Gum
D — Scharlach-Eukalyptus,
     Purpur-Eukalyptus
Da — Febertræ
Sv — Röd Eucalyptus

| 8-12 | 6-15 m | Austrália | Myrtaceae | 0-850 m |

| Árvore | Arbre | Tree | Baum | Træ | Träd |

Eucalyptus globulus Labill.

P — Eucalipto
F — Eucalyptus, Gommier bleu
E — Blue Gum Tree
D — Eukalyptusbaum, Fieberbaum, Blaugummibaum
Da — Febertræ
Sv — Febergummiträd, Eucalyptus

| 10-3 | 15-25 m | Austrália | Myrtaceae | 0-900 m |

164   Árvore   Arbre   Tree   Baum   Træ   Träd

Eugenia uniflora L.
Syn.: *E. michelii* Lam.

P — Pitangueira (o fruto: Pitanga)
F — Cerisier de Cayenne, Pitanga du Brésil
E — Brazil Cherry, Surinam Cherry
D — Eugenie, Einblütige Kirschmyrte
Sv — Bärmyrten

12-2	2-5 m	Brasil	Myrtaceae	0-300 m
	Pequena Árvore	Petit Arbre	Small Tree	Kleiner Baum	Lille Træ	Litet Träd

165

Euphorbia ingens E. Mey.

P — **Eufórbia Gigante**
F — **Euphorbe-cierge, Euphorbe en arbre**
E — **Giant Spurge, Candelabra Tree**
D — **Riesen-Wolfsmilch**
Da — **Vortemælk**
Sv — **Jättetörel**

| 10-12 | 3-4 m | África do Sul do Natal à Tanzânia | Euphorbiaceae | 0-400 m |

Euphorbia mellifera Ait.

P — Figueira do Inferno, Alindres
F — Euphorbe mellifère
E — Melliferous Spurge
D — Honig-Wolfsmilch
Da — Madeira-Vortemælk
Sv — Honungstörel

2-7	1-3 m	Madeira, Canárias	Euphorbiaceae	400-1000 m		
Arbusto	Arbrisseau	Shrub	Strauch	Busk	Buske	167

168

| 7-9 | 40-60 cm | Mediterrâneo | Euphorbiaceae | 0-50 m (Porto Santo) |

P — Eufórbia Marítima
F — Euphorbe des dunes, Euphorbe maritime
E — Flax Spurge, Sea-Side Spurge
D — Strand-Euphorbie, Meerwolfsmilch
Da — Strand-Vortemælk
Sv — Strandtörel

Euphorbia paralias L.

Arbusto	Arbrisseau	Shrub	Strauch	Busk	Buske	*169*
4-5	0,5-1 m	Madeira	Euphorbiaceae		0-300 m	

P — Figueira do Inferno
F — Euphorbe des pêcheurs
E — Smooth Spear-Leaved Spurge, Fish-Stunning Spurge
D — Fischfang-Wolfsmilch
Da — Vortemælk
Sv — Fisketörel

Euphorbia piscatoria Ait.

170

Arbusto	Arbrisseau	Shrub	Strauch	Busk	Buske
10-2	1,5-3 m	México	Euphorbiaceae		0-500 m

P — Manhãs de Páscoa, Poinsétia
F — Étoile de Noël, Poinsettia
E — Poinsettia
D — **Weihnachtsstern, Poinsettie, Adventsstern**
Da — **Julestjerne**
Sv — **Julstjärna**

Euphorbia pulcherrima Willd. ex Klotzsch
Syn.: *Poinsettia pulcherrima* (Willd. ex Klotzsch) Grah.

| Pequena árvore | Petit arbre | Small tree | Kleiner Baum | Lille trae | Litet Träd | *171* |

| 4-5 | 2-5 m | Brasil, Paraguai, Uruguai, Norte da Argentina | Myrtaceae | 0-400 m |

P — Goiabeira-Ananás
F — Goyavier ananas
E — Pineapple Guava, Fruit Salad Bush
D — Ananas-Guayave
Sv — Feijoa

Feijoa sellowiana (O. Berg) O. Berg
Syn.: *Orthostemon sellowianus* O. Berg. non R. Brown

Ficus benjamina L. var. *nuda* (Miq.) Barrett
Syn.: *F. comosa* Roxb.

P — **Figueira da Índia**
F — **Figuier des Indes**
E — **Oval-Leaved Fig Tree, Tufted Fig Tree**
D — **Schopf-Feigenbaum**
Da — **Birkefigen**
Sv — **Benjaminfikus**

	1-12	6-20 m	Sudeste da Ásia	Moraceae	0-200 m
172	Árvore	Arbre	Tree	Baum	Træ	Träd

Árvore	Arbre	Tree	Baum	Træ	Träd	173
8-10	2-6 m		Mediterrâneo	Moraceae	0-350 m	

P — **Figueira, Bebereira**
F — **Figuier, Figuier domestique, Carique**
E — **Common Fig Tree**
D — **Echter Feigenbaum**
Da — **Figen**
Sv — **Fikonträd**

Ficus carica L.

174 Árvore   Arbre   Tree   Baum   Træ   Träd

| 5-8 | 3-12 m | Índia, Malásia | Moraceae | 0-350 m |

P — Árvore da Borracha, Borracheira
F — Caoutchouc, Figuier d'appartement, Gommier
E — Indian Rubber Tree
D — Gummibaum
Da — Gummifigen
Sv — Fönsterfikus

Ficus elastica Roxb.

Ficus radicans Desf.

P — Pastinha
F — Figuier rampant
E — Creeping Fig
D — Kletter-Ficus
Da — Hængefigen
Sv — Storbladig Klätterfikus

| 9-1 | 3-10 | China, Japão | Moraceae | 0-500 m |

Trepadeira   Pl. Grimpante   Climber   Kletterpflanze   Klatreplante   Klängväxt

Foeniculum vulgare Mill.

P — **Funcho**
F — **Fenouil, Anis doux**
E — **Fennel**
D — **Fenchel**
Da — **Fennikel**
Sv — **Fänkål**

7-9	0,5-1 m	Mediterrâneo	Apiaceae	0-350 m
Erva	Herbe	Herb	Kraut	Urt	Ört

Árvore	Arbre	Tree	Baum	Træ	Träd	177
5-7	3-10 m	Açores, Madeira	Rhamnaceae		400-800 m	

P — Gingeira Brava, Tintureira
F — Nerprun à larges feuilles
E — Large-Leaved Buckthorn
D — Grossblättriger Kreuzdorn, Azoren-Wegdorn
Da — Azorisk Vrietorn
Sv — Storbladig Brakved

Frangula azorica V. Grubow
Syn.: *Rhamnus latifolia* L'Hérit.

Furcraea foetida (L.) Haw.
Syn.: *Agave foetida* L.
F. gigantea Vent.

P — **Furcreia, Piteira**
F — **Agave géant, Furcrée**
E — **Giant Agave, Giant Lily**
D — **Riesen-Furcroye, Mauritiushanf**
Da — **Agave**
Sv — **Jätteagave**

| 9-11 | 1,5-12 m | Brasil | Agavaceae | 0-200 m |

Erva	Herbe	Herb	Kraut	Urt	Ört	*179*
2-9	20-60 cm		Mediterrâneo	Asteraceae	0-1000 m	

P — Cardo, Galactite
F — Galactite cotonneuse, Chardon laiteux
E — Downy Thistle
D — Milchdistel
Sv — Bomullstistel

Galactites tomentosa Moench.
Syn.: *Lupsia g.* (L.) O. Kuntze

180	Erva	Herbe	Herb	Kraut	Urt	Ört
	4-8	0,3-1 m	Madeira	Rubiaceae		200-1000 m

P — Coalha-Leite
F — Gaillet, Caille-lait, Molugine
E — Madeira Bedstraw
D — Madeira-Labkraut
Da — Madeira-Snerre
Sv — Madeiramåra

Galium productum Lowe

Genista tenera (Jacq. ex Murr.) O. Kuntze
Syn.: *Genista gracilis* Poir.
Spartium virgatum Ait.
G. virgata (Ait.) DC., non Lam.
Cytisus tener Jacq. ex Murr.
C. virgatus (Ait.) Masf., non Salisb., nec Vest.

P — Piorno
F — Genêt de Madère, Genêt à tiges grêles
E — Soft Broom
D — Weicher Ginster
Da — Madeira-Visse
Sv — Mjukginst

2-7	0,5-2 m	Madeira	Fabaceae	0-1700 m
Arbusto	Arbrisseau	Shrub	Strauch	Busk	Buske

181

Gennaria diphylla (Link) Parl.
Syn.: *Peristylus cordatus* (Willd.) Lindl.

P — Genária
F — Gennarie
E — Gennaria
D — Gennarie
Sv — Tvåbladsyxne

	3-5	8-20 cm	Mediterrâneo Ocidental, Portugal, Madeira, Canárias	Orchidaceae	600-800 m
182	Erva	Herbe	Herb	Kraut	Urt	Ört

183

| 3-9 | 0,4-1 m | Madeira | Geraniaceae | 0-700 m |

P — Pássaras
F — Geranium de Madère
E — Madeira Stork's Bill
D — Madeira-Storchschnabel
Da — Madeira-Storkenæb
Sv — Madeiranäva

Geranium maderense P. F. Yeo

Geranium palmatum Cav.
Syn.: *G. anemonifolium* L'Hérit. p.p.

P — Gerânio Folha-de-Anémona
F — Géranium à feuilles d'anémone
E — Anemone-Leaved Stork's Bill
D — Anemonenblättriger Storchschnabel
Da — Storkenæb
Sv — Anemonenäva

| 3-9 | 20-80 cm | Madeira | Geraniaceae | 500-1000 m |

184

Globularia salicina Lam.
Syn.: *Lytanthus salicinus* (Lam.) Wettst.
G. longifolia Ait.

P — **Malfurada, Globulária**
F — **Globulaire, Turbith à feuilles de saule**
E — **Globe Flower, Globularia**
D — **Kugelblume**
Da — **Kugleblomst**
Sv — **Skrabba**

5-9	0,5-1,2 m	Madeira, Canárias	Globulariaceae	0-400 m
Arbusto	Arbrisseau	Shrub	Strauch	Busk	Buske

Gnidia polystachya Berg.
Syn.: *G. carinata* Thunb.

P — Gnídia
F — Gnidienne, Gnidie
E — Gnidia
D — Vielährige Gnidie
Sv — Gnidia

3-8	0,5-1,2 m	África do Sul	Thymelaeaceae	100-600 m
Arbusto	Arbrisseau	Shrub	Strauch	Busk	Buske

187

| 9-10 | 20-40 cm | Madeira | Orchidaceae | 300-800 m |

P — Godiera da Madeira
F — Goodyera de Madère
E — Madeira Goodyera
D — Madeira-Netzblatt, Madeira-Goodyere
Da — Madeira-Knærod
Sv — Madeiraknärot

Goodyera macrophylla Lowe

Grevillea robusta A. Cunn.

P — Grevílea
F — Grevillea robuste, Chêne blanc d'Australie
E — Silky Oak, Silver Oak
D — Australische Seideneiche
Da — Silkeeg
Sv — Grevillea

| 4-6 | 15-20 m | Austrália | Proteaceae | 0-200 m |

188 | Árvore | Arbre | Tree | Baum | Træ | Träd

Hakea sericea Schrad.
Syn.: *H. acicularis* (Sm. ex Vent.) Knight
H. tenuifolia (Salisb.) Domin

P — Háquea, Háquea Picante
F — Hakéa
E — Hakea, Needle Bush
D — Hakea, Nadelbusch
Sv — Hakea

12-2	2-3 m	Austrália	Proteaceae	500-700 m
Árvore	Arbre	Tree	Baum	Træ	Träd	189

Heberdenia excelsa (Ait.) Banks ex DC.
Syn.: *Ardisia excelsa* Ait.
A. bahamensis (Gaertn.) DC.
H. bahamensis (Gaertn.) Sprague

P — Aderno
F — Ardisie élevée,
    Tinelier de Madère
E — Beefwood, Spear-Flower
D — Spitzblume, Ardisie
Sv — Lädermyrten
Esp — Aderno

7-9	5-10 m	Madeira, Canárias	Myrsinaceae	500-1000 m
190	Árvore	Arbre	Tree	Baum	Træ	Träd

Hedychium gardneranum Rosc.

P — Roca de Vénus
F — Longose, Hedychium
E — Ginger Lily, Butterfly Lily
D — Girlandenblume
Da — Fakkelplante
Sv — Kanonviska

7-9	0,8-1,2 m	Himalaia Oriental	Zingiberaceae	0-650 m
Erva	Herbe	Herb	Kraut	Urt	Ört

Helichrysum devium Johns.

P — Perpétua de S. Lourenço
F — Immortelle de Madère
E — Everlasting
D — Strohblume
Da — Evighedsblomst
Sv — Hägringseternell

| 3-6 | 15-30 cm | Madeira | Asteraceae | 0-150 m |

Erva	Herbe	Herb	Kraut	Urt	Ört	193
6-10	30-80 cm	África Tropical África do Sul	Asteraceae		300-1200 m	

P — Traqueiro
F — Immortelle puante
E — Fetid Everlasting
D — Stinkende Strohblume
Da — Evighedsblomst
Sv — Stinketernell

Helichrysum foetidum (L.) Cass.

Helichrysum melaleucum Rchb. ex Holl
Syn.: *H. melanophthalmum* (Lowe) Lowe

P — Perpétua Branca
F — Immortelle
E — White Everlasting
D — Schwarzaugen-Strohblume
Da — Evighedsblomst
Sv — Viteternell

4-8	30-50 cm	Madeira	Asteraceae	0-800 m
Arbusto	Arbrisseau	Shrub	Strauch	Busk	Buske

Helichrysum obconicum DC.

P — **Murrião**
F — **Immortelle**
E — **Everlasting**
D — **Kegelkopf-Strohblume**
Da — **Evighedsblomst**
Sv — **Silvereternell**

6-11	15-30 cm	Madeira	Asteraceae	0-100 m
Arbusto	Arbrisseau	Shrub	Strauch	Busk	Buske

Hibiscus elatus Swartz
Syn.: *Paritium elatum* G. Don

P — Hibisco Arbóreo
F — Ketmie étalée
E — Mountain Mahoe, Tree Hibiscus, Cuban Bast Tree
D — Hohe Paritie, Hocheibisch
Sv — Trädhibiskus

8-11	3-10 m	Indias Ocidentais	Malvaceae	0-300 m
Árvore	Arbre	Tree	Baum	Træ	Träd

Hibiscus rosa-sinensis L.

P — Cardeais, Hibiscos, Rosa da China
F — Ketmie rose de Chine, Rose de Chine, Mahot à fleurs
E — Hibiscus, Shoe Plant, Rose of China
D — Chinesischer Roseneibisch
Da — Hawaiiblomst
Sv — Hibiskus

1-12	1-3 m	Ásia (talvez China)	Malvaceae	0-400 m	
Arbusto	Arbrisseau	Shrub	Strauch	Busk	Buske

198	Arbusto	Arbrisseau	Shrub	Strauch	Busk	Buske
	6-10	1-1,5 m	China, Coreia, Indochina	Malvaceae		0-400 m

P — Cardeal Roxo, Hibisco da Síria
F — Ketmie, Hibiscus, Mauve en arbre
E — Shrubby Althaea, Rose of Sharon
D — Syrischer Eibisch, Roseneibisch
Da — Sharon's Rose
Sv — Frilandshibiskus, Blå Hibiskus

Hibiscus syriacus L.

Holmskioldia sanguinea Retz.

- P — Chapéus de Mandarim
- F — Holmskioldie
- E — The Chinese Hat Plant, Mandarin Hat
- D — Mandarinhut, Chinesenhut
- Da — Mandarinhat
- Sv — Mandarinhatt

8-11	1-1,5 m	Himalaia	Verbenaceae	0-100 m	
Arbusto	Arbrisseau	Shrub	Strauch	Busk	Buske

Howea forsteriana
   (C. Moore & F. J. Muell.) Becc.
Syn.: *Kentia forsteriana*
   C. Moore & F. J. Muell.

P — Quência, Kentia
F — Hovée de Forster
E — Forster Sentry Palm, Kentia Palm
D — Curly-Palm
Da — Kentiapalme
Sv — Kentiapalm

3-5 m   Ilha de Lorde Howe   Arecaceae   0-500 m

Árvore   Arbre   Tree   Baum   Trae   Träd

201

| 9-12 | 10-20 cm | Madeira, Açores | Lycopodiaceae | 600-1300 m |

P — Licopódio
F — Lycopode sélagine
E — Club Moss, Fir Clubmoss
D — Bärlapp, Teufelsklaue
Sv — Azorisk Lopplummer

Huperzia selago (L.) Bernh. ex Schrank & Mart.
ssp. *dentata* (Herter) Valentine
Syn.: *Lycopodium selago* L.
ssp. *suberectum* (Lowe) Romariz
L. *dentatum* Herter

Hydrangea macrophylla (Thunb. ex Murr.) Ser. ssp. *macrophylla*

P — **Hortênsias, Novelos**
F — **Hortenses, Hydrangées**
E — **Hydrangea**
D — **Hortensie**
Da — **Hortensie**
Sv — **Hortensia**

| 6-9 | 0,5-1,5 m | (Cultivars) | Hydrangeaceae | 0-1400 m |

202

Hymenosporum flavum (Hook.) F. v. Muell.

P — **Himenosporo**
F — **Hymenospore**
E — **Wing-Seed Tree, Sweetshade, Australian Jasmine Tree**
D — **Flügelsame**
Sv — **Vingfrö**

4-5	3-6 m	Austrália	Pittosporaceae	0-200 m
Árvore	Arbre	Tree	Baum	Træ	Träd

Hyparrhenia hirta (L.) Stapf
Syn.: *Andropogon hirtus* L.

P — **Feno**
F — **Barbon**
E — **Beard Grass**
D — **Haariges Bartgras**
Sv — **Skäggräs**

| 1-10 | 30-60 cm | Mediterrâneo | Poaceae | 0-300 m |

Erva　　Herbe　　Herb　　Kraut　　Urt　　Ört

Arbusto	Arbrisseau	Shrub	Strauch	Busk	Buske	205
1-12	0,5-1,2 m	Madeira, Canárias	Hypericaceae		300-1100 m	

P — Malfurada
F — Millepertuis à grandes feuilles
E — Large-Leaved Saint John's Wort
D — Grossblättriges Johanniskraut

Hypericum inodorum Mill.
Syn.: *H. grandifolium* Choisy

206 Arbusto   Arbrisseau   Shrub   Strauch   Busk   Buske

| 4-6 | 1-2 m | África do Sul | Lamiaceae | 0-600 m |

P — Iboza
F — Iboza
E — Misty Plume Bush
D — Rauhreif des Südens, Ufer-Iboze
Da — Moskusplante
Sv — Plymbuske

Iboza riparia (Hochst.) N. E. Br.
Syn.: *Moschosma riparium* Hochst.

Pequena Árvore	Petit Arbre	Small Tree	Kleiner Baum	Lille Træ	Litet Träd	*207*
4-5	2-5 m	Madeira	Aquifoliaceae		500-1000 m	

P — Perado
F — Houx de Madère
E — Madeira Holy
D — Madeira-Hülse, Madeira-Stechpalme
Da — Madeira-Kristtorn
Sv — Madeira-Järnek

Ilex perado Ait. ssp. *perado*
Syn.: *I. maderensis* Lam.
I. perado Ait. var. *maderensis* (Lam.) Loes.

Imperatoria lowei Coss.
Syn.: *Peucedanum lowei* (Coss.) Mnzs.

P — Peucedano, Imperatória
F — Peucédan de Madère
E — Madeira Hog's Fennel
D — Madeira-Haarstrang, Madeira-Meisterwurz, Madeira-Kaiserwurz
Da — Madeira-Svovlrod
Sv — Madeiramästerrot

	7-10	0,5-1,5 m	Madeira	Apiaceae	600-900 m
208	Erva	Herbe	Herb	Kraut	Urt	Ört

Ipomoea acuminata (Vahl) Roem. & Schult.
Syn.: *I. learii* Paxt.
Pharbitis learii (Paxt.) Hook.

P — Campainhas
F — Volubilis, Ipomée
E — Morning Glory, Blue Dawnflower
D — Prunkwinde, Trichterwinde
Da — Tragtsnerle
Sv — Purpurvinda

1-12	3-15 m	América Tropical	Convolvulaceae	0-300 m

Trepadeira   Pl. Grimpante   Climber   Kletterpflanze   Klatreplante   Klängväxt

Ipomoea batatas (L.) Lam.

P — Batata, Batata Doce
F — Patate douce
E — Sweet Potato
D — Batate, Batateprunkwinde, Süsse Kartoffel
Da — Batat
Sv — Batat, Sötpotatis

| 8-1 | 20-30 cm | Trópicos | Convolvulaceae | 0-400 m |

Trepadeira	Pl. Grimpante	Climber	Kletterpflanze	Klatreplante	Klängväxt	*211*
2-6	1-2 m	África Tropical	Convolvulaceae		0-100 m	

P — Campainhas Amarelas
F — Ipomée jaune, Volubilis jaune
E — Yellow Morning Glory
D — Gelbe Prunkwinde, Trichterwinde
Da — Gul Tragtsnerle
Sv — Gulvinda

Ipomoea ochracea (Lindl.) G. Don

Ipomoea purpurea (L.) Roth
Syn.: *Pharbitis hispida* Chois.
Ph. purpurea (L.) Voigt

P — **Campainhas**
F — **Volubilis, Ipomée**
E — **Morning Glory, Dawnflower**
D — **Prunkwinde, Trichterwinde**
Da — **Rød Tragtsnerle**
Sv — **Blomman för Dagen**

9-5 | 1-3 m | América Tropical | Convolvulaceae | 0-300 m

Trepadeira | Pl. Grimpante | Climber | Kletterpflanze | Klatreplante | Klängväxt

Erva	Herbe	Herb	Kraut	Urt	Ört	*213*
3-5	30-70 cm	Europa		Brassicaceae	0-200 m	

P — **Pastel**
F — **Pastel, Pastel des teinturiers**
E — **Woad, Dyer's Weed, Dyer's Woad**
D — **Waid, Färberwaid**
Da— **Farvevajd**
Sv — **Vejde**

Isatis tinctoria L.

214	Arbusto	Arbrisseau	Shrub	Strauch	Busk	Buske
	6-8	0,5-2 m	Madeira	Scrophulariaceae		750-850 m

P — **Isoplexis**
F — **Digitale de Madère**
E — **Yellow Fox Glove**
D — **Schopf-Fingerhut**
Da — **Madeira-Fingerbøl**
Sv — **Fingerborgsspira**

Isoplexis sceptrum (L.f.) Loud.
Syn.: *Digitalis sceptrum* L.f.
Callianassa sceptrum (L.f.) Webb

Jacaranda mimosifolia D. Don
Syn.: *Jacaranda ovalifolia* R. Br.

- P — Jacarandá
- F — Jacaranda, Faux Palissandre
- E — Jacaranda
- D — Jacaranda, Palisanderbaum
- Da — Jacaranda, Palisandertræ
- Sv — Jakaranda

| 4-5 | 3-10 m | Noroeste da Argentina | Bignoniaceae | 0-300 m |

| Árvore | Arbre | Tree | Baum | Trae | Träd |

216   Arbusto   Arbrisseau   Shrub   Strauch   Busk   Buske

2-6   1-3 m   Madeira, Canárias   Oleaceae   100-700 m

P — Jasmim Amarelo
F — Jasmin jonquille, Jasmin très odorante
E — Sweet-scented Jasmine
D — Wohlriechender Jasmin

Jasminum odoratissimum L.
Syn.: *J. augeronii* Cabr. & Diaz
J. barrelieri W. & B.
J. gomeraeum Gand.
J. humile auct., non L.

Jasminum polyanthum Franch.

P — Jasmineiro
F — Jasmin
E — Jasmine
D — Vielblütiger Jasmin
Da — Jasmin
Sv — Vippjasmin

| 3-5 | 3-10 m | China | Oleaceae | 0-450 m |

Trepadeira   Pl. Grimpante   Climber   Kletterpflanze   Klatreplante   Klängväxt   217

Juglans regia L.

P — Nogueira
F — Noyer commun
E — Walnut Tree, Persian Walnut
D — Walnussbaum, Echte Walnuss
Da — Valnød
Sv — Äkta Valnöt

| 4-5 | 4-8 m | Sudeste da Europa, Ásia Ocidental, Himalaias | Juglandaceae | 500-1000 m |

| 218 | Árvore | Arbre | Tree | Baum | Træ | Träd |

Juniperus cedrus W. & B.
Syn.: *J. oxycedrus* L. ssp. *maderensis* Mnzs.

P — Cedro da Madeira, Zimbro da Madeira
F — Cade de Madère, Oxycèdre
E — Madeira Juniper, Madeira Prickly Cedar
D — Madeira-Baumwachholder
Da — Ene
Sv — Madeiraen

12-3	2-7 m	Madeira, Canárias	Cupressaceae	0-1300 m
Árvore	Arbre	Tree	Baum	Træ	Träd

219

Kigelia africana (Lam.) Benth.
Syn.: *Kigelia pinnata* (Jacq.) DC.

P — **Quigélia, Árvore das Salsichas**
F — **Arbre à saucisses**
E — **Fetish Tree, Sausage Tree, Cucumber Tree**
D — **Leberwurstbaum**
Da — **Pølsetræ**
Sv — **Korvträd**

| 5-6 | 3-5 m | África Tropical | Bignoniaceae | 0-100 m |

| 220 | Árvore | Arbre | Tree | Baum | Trae | Träd |

Kniphofia uvaria (L.) Hook.
Syn.: *Tritoma uvaria* (L.) Ker-Gawl.

P — **Foguetes**
F — **Kniphofia, Tritome, Faux Aloès**
E — **Red Hot Poker, Torch Lily**
D — **Fackellilie, Kniphofie, Traubenlilie**
Da — **Raketblomst**
Sv — **Fackellilja**

5-9	0,8-1,2 m	África do Sul	Liliaceae	0-800 m
Erva	Herbe	Herb	Kraut	Urt	Ört

Arbusto	Arbrisseau	Shrub	Strauch	Busk	Buske
6-8	1-2,5 m	China	Lythraceae		0-500 m

P — Laguerestrémia, Flor de Merenda, Suspiros, Extremosa
F — Lagerstrémie, Lagerstrome de l'Inde, Lilas des Indes
E — Crape Myrtle, Indian Lilac, Queen Flower, Pride of India
D — Indische Lagerstroemie, Krepp-Myrte
Da — Krepmyrte
Sv — Lagerströmia

Lagerstroemia indica L.

223

| 5-7 | 40-60 cm | África do Sul | Aizoaceae | 0-700 m |

P — Bálsamo, Chorão
F — Ficoïde, Lampranthus
E — Lampranthus
D — Kleine Mittagsblume, Lampranthus
Sv — Glansblomma

Lampranthus sp.

224	Árvore	Arbre	Tree	Baum	Træ	Träd
2-4	6-10 m		Madeira, Canárias	Lauraceae		0-1400 m

P — **Loureiro**
F — **Laurier des Açores**
E — **Laurel, Bay Tree**
D — **Lorbeerbaum, Kanarischer Lorbeer**
Da — **Lavrbær**
Sv — **Azorlagerträd**

Laurus azorica (Seub.) Franco
var. *longifolia* (O. Kuntze) Kunk.
Syn.: *Persea azorica* Seub.
L. canariensis W. & B., non Willd.

Lavandula pinnata L.f.
var. *pinnata*

P — Alfazema
F — Lavande à feuilles pennées
E — Pinnate Lavender
D — Gefiederter Lavendel
Sv — Fjäderlavendel

1-12	20-50 cm	Madeira, Canárias	Lamiaceae	0-200 m	
Arbusto	Arbrisseau	Shrub	Strauch	Busk	Buske

Leonotis leonurus (L.) R. Br.

P — Rabos de Leão
F — Queue de lion
E — Lion's Tail, Lion's Ear
D — Löwenschwanz, Löwenohr
Da — Løveøre
Sv — Lejonöra

| 5-9 | 0,5-1 m | África do Sul | Lamiaceae | 0-350 m |

Arbusto	Arbrisseau	Shrub	Strauch	Busk	Buske	227
4-8	1-3 m	Austrália, Nova Zelândia	Myrtaceae		500-1400 m	

P — Urze de Jardim, Leptospermo
F — Leptosperme à balais
E — New Zealand Tea Tree, Tasmanian Tea Plant, South Sea Myrtle
D — Besenartige Südseemyrte, Manuka
Da — Sydhavsmyrte
Sv — Rosenmyrten

Leptospermum scoparium J. R. & G. Forst.

Leucaena leucocephala (Lam.) De Wit
Syn.: *Mimosa leucocephala* Lam.
M. glauca L.
Leucaena glauca (L.) Benth.
Acacia glauca (L.) Moench

P — Aroma Branco, Leucena
F — Bois Sophie, Cassie blanc (ou blanche)
E — West Indian Lead Tree, Mock Acacia, Wild Tamarind
D — Bleibaum, Weisskopfige Leucaene
Da — Vild Tamarind
Sv — Vildtamarind

1-12	1-2 m	América Tropical	Mimosaceae	0-300 m
228 Arbusto	Arbrisseau	Shrub	Strauch	Busk	Buske

229

| 10-12 | 0,3-1 m | Ásia Oriental | Asteraceae | 0-500 m |

P — Boinas, Patas de cavalo
F — Patte de cheval, Tussilage du Japon
E — Colt's Foot
D — Ligularie, Rosshuf
Da — Japansk Følfod
Sv — Tigertass

Ligularia tussilaginea (Burm. f.) Mak.
Syn.: *Arnica tussilaginea* Burm. f.
Ligularia kaempferi Sieb. et Zucc.
Farfugium grande Lindl.
Farfugium japonicum (L.) Kitamura
Tussilago japonica L.

*Ligustrum
japonicum*
Thunb.

P — **Ligustro do Japão, Alfena, Alfeneiro, Alfenheiro**
F — **Troène du Japon**
E — **Japanese Privet**
D — **Japanischer Liguster**
Da — **Japansk Liguster**
Sv — **Japansk Liguster**

4-7	5-8 m	Japão, Coreia	Oleaceae	0-400 m
Árvore	Arbre	Tree	Baum	Træ	Träd

Ligustrum sinense Lour.

P — **Ligustro da China, Alfena, Alfeneiro, Alfenheiro**
F — **Troène chinois, Troène de Chine**
E — **Chinese Privet**
D — **Chinesischer Liguster**
Da— **Kinesisk Liguster**
Sv — **Kinesisk Liguster**

6-7	1-1,5 m	China	Oleaceae	0-600 m
Arbusto	Arbrisseau	Shrub	Strauch	Busk	Buske

Lilium longiflorum Thunb.

P — Açucena
F — Lis blanc, Lis de la Madone
E — Easter Lily
D — Marienlilie, Weisse Lilie, Madonnen-Lilie
Da — Trompetlilje
Sv — Trumpetlilja

| 5-6 | 30-80 cm | Mediterrâneo Oriental | Liliaceae | 0-600 m |

233

| 3-7 | 20-50 cm | Mediterrâneo | Plumbaginaceae | 0-200 m |

P — Estatice
F — Immortelle de mer, Immortelle bleu, Statice
E — Sea Lavender, Statice
D — Widerstoss, Meerlavendel
Da — Hindebæger
Sv — Blårisp

Limonium sinuatum (L.) Mill.
Syn.: *Statice sinuata* L.

Lonicera hildebrandiana Coll. & Hemsl.

P — **Madressilva Gigante**
F — **Chèvrefeuille géante**
E — **Giant Honeysuckle, The Burmese Honeysuckle**
D — **Riesen-Geissblatt**
Da — **Kaprifolie**
Sv — **Hildebrands Try**

5-7	4-8 m	China, Birmânia	Caprifoliaceae	0-400 m
Trepadeira	Pl. Grimpante	Climber	Kletterpflanze	Klatreplante	Klängväxt

Erva	Herbe	Herb	Kraut	Urt	Ört	235
3-6	10-30 cm	Madeira, Canárias		Fabaceae	0-100 m	

P — Trevina
F — Lotier
E — Bird's Foot Trefoil, Lotus
D — Hornklee
Da — Kællingetand
Sv — Madeirakärringtand

Lotus glaucus Ait.
Syn.: *Pedrosia glauca* (Ait.) Lowe
P. paivae Lowe

236	Erva	Herbe	Herb	Kraut	Urt	Ört
	5-7	20-80 cm	Madeira	Juncaceae	400-1700 m	

P — **Lúzula**
F — **Luzule de Madère**
E — **Wood Rush**
D — **Marbel, Hainsimse**
Da— **Madeira-Frytle**
Sv — **Madeirafryle**

Luzula seubertii Lowe

Magnolia grandiflora L.

P — **Magnólia**
F — **Magnolia à grandes fleurs, Laurier-Tulipier**
E — **Big Laurel, Bull Bay, Large Flowered Magnolia**
D — **Grossblütige Magnolie**
Da — **Magnolie**
Sv — **Kungsmagnolia**

5-7	6-12 m	América do Norte	Magnoliaceae	0-600 m
Árvore	Arbre	Tree	Baum	Træ	Träd

Mangifera indica L.

P — Mangueira, Mangueiro
F — Manguier
E — Mango Tree
D — Mangobaum
Da — Mangotræ
Sv — Mango

11-5	3-6 m	Ásia Tropical (Índia Oriental, Birmânia?)	Anacardiaceae		0-400 m
238 Árvore	Arbre	Tree	Baum	Træ	Träd

Marcetella maderensis (Bornm.) Svent.
Syn.: *Sanguisorba m.* (Bornm.) Nordb.
Bencomia m. Bornm.

P — Bencómia
F — Sanguisorbe de Madère
E — Madeira Sanguisorba
D — Madeira-Sorbenstrauch
Sv — Madeirablodtopp

5-7	1-1,5 m	Madeira	Rosaceae	200-900 m
Arbusto	Arbrisseau	Shrub	Strauch	Busk	Buske

Markhamia platycalyx (Bak.) Sprague
Syn.: *Dolichandrone platycalyx* Bak.

P — Marcâmia
F — Markhamia
E — Yellow-Trumpet Tree
D — Markhamie
Sv — Markhamia

4-11	6-15 m	Uganda	Bignoniaceae	0-300 m
Árvore	Arbre	Tree	Baum	Træ	Träd

Matthiola maderensis Lowe

P — Goivo da Rocha, Cravo de Burro
F — Viollier de Madère,
 Giroflée de Madère
E — Madeira Sea Stock
D — Madeira-Levkoje
Da — Madeira-Levkøj
Sv — Madeiralövkoja

| 4-7 | 20-50 cm | Madeira | Brassicaceae | 0-100 m |

Maytenus umbellata (R. Br.) Mabb.
Syn.: *Catha dryandri* Lowe
Maytenus dryandri (Lowe) Loes.
Celastrus umbellatus R. Br. in Buch

P — **Buxo da Rocha**
F — **Fusain de Madère, Mayten de Madère**
E — **Madeira Shrubby Bittersweet**
D — **Madeira-Kathstrauch**
Da — **Madeira-Kat**
Sv — **Madeirakatbuske**

	12-1	1-1,5 m	Madeira	Celastraceae		0-300 m
242	Arbusto	Arbrisseau	Shrub	Strauch	Busk	Buske

Melanoselinum decipiens (Schrad. & Wendl.) Hoffm.

P — Aipo de Gado
F — Selin noir, Persil noir
E — Black Parsley
D — Melanoselinum
Da — Træpersille
Sv — Svartpersilja

| 4-7 | 0,5-1,5 m | Madeira, Açores | Apiaceae | 0-800 m |

243

Melia azedarach L.

P — Amargoseira, Mélia, Conteira, Lilás da Índia
F — Margousier, Azedarach, Lilas des Indes, Faux-Sycomore, Arbre à chapelets
E — Persian Lilac, Bead Tree, Pride of China, Pride of India
D — Zedrachbaum, Paternosterbaum, Paradiesbaum
Da — Paternostertræ
Sv — Paternosterträd, Persisk Syren

4-5	4-8 m	Ásia (Sul e Oriente)	Meliaceae	0-400 m
Árvore	Arbre	Tree	Baum	Trae	Träd

244

245

| 4-7 | 10-20 cm | Mediterrâneo, Açores; Canárias | Aizoaceae | 0-200 m |

P — **Barrilha, Erva Gelada, Orvalho da Aurora**
F — **Glaciale, Herbe à la glace, Ficoïde cristalline**
E — Ice Plant
D — Eiskraut
Da — Isplante
Sv — Isört

Mesembryanthemum crystallinum L.
Syn.: *Cryophytum c.* (L.) N.E.Br.

Mesembryanthemum nodiflorum L.
Syn.: *Cryophytum n.* (L.) L. Bolus
Gasoul n. (L.) Rothm.

P — Barrilha
F — Ficoïde nodiflore
E — Egyptian Fig-Marigold
D — Aegyptisches Kali, Knotblütige Mittagsblume
Sv — Små Isört

| 4-6 | 10-30 cm | Mediterrâneo, Açores, Madeira, Canárias | Aizoaceae | 0-200 m |

Micromeria varia Benth.
ssp. *thymoides* (Sol. ex Lowe) Pérez
var. *cacuminicolae* Pérez
Syn.: *Satureja thymoides* Sol.
Thymus ericaefolius Holl

P — Hissopo
F — Micromeria, Fausse sarriette
E — Micromeria
D — Bartsaturei, Heidenblättriger Quendel
Sv — Micromeria

4-10	10-30 cm	Madeira	Lamiaceae	500-1800 m	
Arbusto	Arbrisseau	Shrub	Strauch	Busk	Buske

Monizia edulis Lowe
Syn.: *Melanoselinum edule* (Lowe) Drude

P — Cenoura da Rocha, Nozelha
F — Monizia comestible, Carotte arbrisseau
E — Carrot Tree, Deserta Carrot
D — Monizia
Sv — Skaftmorot

| 2-6 | 0,5-1 m | Madeira | Apiaceae | 50-1700 m |

Monstera deliciosa Liebm.
Syn.: *Philodendron pertusum* Kunth & Bouché

P — Fruto Delicioso, Filodendro de Folha Furada, Costela de Adão
F — Monstera délicieux, Philodendron
E — Ceriman, Monstera, Mexican Bread Fruit, Swiss Cheese Plant
D — Fensterblatt, Fensterpflanze, Köstlicher Kolbenriese
Da — Monstera, Fingerfilodendron
Sv — Monstera

| 6-9 | 2-8 m | Sul do México
América Central | Araceae | 0-400 m |

Montanoa bipinnatifida
(Kunth) K. Koch
Syn.: *Uhdea b.* Kunth

P —	Malmequer Arbóreo
F —	Marguerite du Mexique
E —	Daisy Tree
D —	Baummargerite
Da —	Træmargerit
Sv —	Prästkrageträd

11-2	2-3 m	México	Asteraceae	0-400 m
250 Arbusto	Arbrisseau	Shrub	Strauch	Busk	Buske

Musa acuminata Colla «Dwarf Cavendish»
Syn.: *M. cavendishii* Lamb. ex Paxt.
M. nana auct.

P	—	Bananeira Anã
F	—	Bananier nain
E	—	Dwarf Banana
D	—	Zwerg-Banane
Da	—	Bananplante
Sv	—	Dvärgbanan

1-12	2-3 m	(Cultivar)	Musaceae	0-350 m		
Erva	Herbe	Herb	Kraut	Urt	Ört	251

252	Erva	Herbe	Herb	Kraut	Urt	Ört
	1-12	5-7 m	(Cultivar)	Musaceae		0-300 m

P — **Bananeira de Prata**
F — **Bananier**
E — **Silver Banana**
D — **Banane**
Da — **Banan**
Sv — **Banan, Silverbanan**

Musa × *paradisiaca* L.
Syn.: *M.* × *sapientum* L.

253

| 8 | 20-50 cm | Madeira | Campanulaceae | 0-350 m |

P — **Múchia Dourada**
F — **Musschia doré, Campanule de Madère**
E — **Golden Musschia**
D — **Gold-Musschie**
Da — **Madeira-Klokke**
Sv — **Guldklocka**

Musschia aurea (L. f.) Dumort.
Syn.: *Campanula aurea* L. f.

Musschia wollastonii Lowe

P — Múchia de Wollaston
F — Musschia de Wollaston
E — Wollaston's Musschia
D — Wollaston-Musschie
Sv — Wollastons Klocka

| 8-9 | 50-180 cm | Madeira | Campanulaceae | 700-1000 m |

254

Myoporum acuminatum R. Br.

P — Mioporo
F — Faux-Santal
E — Waterbush, Australian Blueberry Tree
D — Drüsenpflanze, Mäusefrass
Sv — Vattenbuske

2-5	2-3 m	Austrália	Myoporaceae	0-300 m
Pequena Árvore	Petit Arbre	Small Tree	Kleiner Baum	Lille Træ	Litet Träd

256	Árvore	Arbre	Tree	Baum	Træ	Träd
3-4	2-5 m		Madeira, Açores Canárias, Portugal	Myricaceae	0-1000 m	

P — Faia, Samouco
F — Myrte des Açores
E — Azorean Candleberry Tree, Wax Myrtle
D — Gagel, Wachsmyrte
Da — Pors
Sv — Fayapors

Myrica faya Ait.
Syn.: *Faya fragifera* W. & B.

Neotinea maculata (Desf.) Stearn
Syn.: *N. intacta* (Link) Rchb. f.
Orchis intacta Link
Aceras densiflora Boiss.

P — **Neotínia**
F — **Néotine**
E — **Neotinea**
D — **Neotinea, Gefleckte Waldwurz**
Sv — **Tätyxne**

| 3-4 | 15-25 cm | Mediterrâneo, Portugal, Madeira, Canárias | Orchidaceae | 600-800 m |

258

| | 9-11 | 30-40 cm | África do Sul | Amaryllidaceae | 300-750 m |

P — Nerine
F — Lis de Guernesey, Nérine
E — Guernsey Lily
D — Guernseylilie, Jerseylilie
Da— Jersey-Ljlie
Sv — Nerine

Nerine sarniensis (L.) Herb.

Nerium oleander L.

P — Aloendro, Loendro, Sevadilha, Loureiro Rosa
F — Laurier-Rose, Nérion, Laurose, Oléandre
E — Oleander, Rose Bay
D — Oleander
Da — Nerie
Sv — Nerium, Oleander, Rosenlager

5-8	1,5-3 m	Mediterrâneo Próximo Oriente	Apocynaceae	0-400 m
Arbusto	Arbrisseau	Shrub	Strauch	Busk	Buske

259

Nicotiana glauca Grah.

P — Tabaqueira Azul, Charuto do Rei, Charuteira
F — Tabac bleu, Tabac glauque
E — Shrub Tobacco
D — Blaugrüner Tabak
Da — Tobaksbusk
Sv — Blåtobak

3-9	1-3 m	Argentina e talvez Bolívia	Solanaceae	0-300 m
Arbusto	Arbrisseau	Shrub	Strauch	Busk	Buske

Árvore	Arbre	Tree	Baum	Træ	Träd	261
8-10	2-3 m	México	Agavaceae		0-400 m	

P — Nolina, Bocárnea
F — Beaucarnea recourbée, Nolina recourbée, Lis du Mexique
E — Nolina, Pony-Tail, Bottle Palm
D — Nolina, Keulenbaum, Knollenbaum
Da — Kølletræ
Sv — Fiberlilja

Nolina recurvata (Lem.) Hemsl.
Syn.: *Beaucarnea r.* Lem.

262 | Árvore | Arbre | Tree | Baum | Træ | Träd

| 11-6 | 15-30 m | Madeira, Canárias | Lauraceae | 0-1500 m |

P — Til
F — Laurier de Madère, Laurier puant, Laurier fétide
E — Stinklaurel, Fetid Laurel, Madeira Laurel
D — Stink-Lorbeer
Da — Stinktræ
Sv — Stinklager

Ocotea foetens (Ait.) Benth. & Hook. f.
Syn.: *Laurus f.* Ait.
L. maderensis Lam.
Oreodaphne f. (Ait.) Nees

Odontites holliana (Lowe) Benth.
Syn.: *Euphrasia holliana* Lowe

P — Odontites
F — Euphraise de Madère
E — Madeira Eyebright
D — Madeira-Augentrost
Da— Madeira-Rødtop
Sv — Busktoppa

6-7	20-40 cm	Madeira	Scrophulariaceae	800-1800 m	
Erva	Herbe	Herb	Kraut	Urt	Ört

Erva	Herbe	Herb	Kraut	Urt	Ört
6-8	0,5-1,5 m	Madeira	Apiaceae		100-1000 m

P — Aipo Negro, Salsa Brava
F — Oenanthe de Madère
E — Madeira Water Dropwort
D — Madeira-Rebendolde
Da — Klaseskærm
Sv — Madeirastäkra

Oenanthe divaricata (R. Br.) Mabb.
Syn.: *O. pteridifolia* Lowe

Arbusto ou Peq. Árvore	Arbrisseau ou petit arbre	Shrub or small tree	Strauch oder kleiner Baum	Busk og lille træ	Buske och litet träd
5-6	1,5-3 m	Madeira	Oleaceae		0-200 m

P — Zambujeiro, Oliveira Brava
F — Olivier sauvage de Madère, Oleastre de Madère
E — Wild Olive Tree
D — Wilder Ölbaum
Da — Madeira-Oliventræ
Sv — Madeiraoliv

Olea europaea L. ssp. *maderensis* Lowe

Opuntia tuna (L.) Mill.

P — Tabaibeira, Nopal, Figueira da Índia, Figueira da Barbaria
F — Figuier de Barbarie
E — Prickly Pear
D — Tuna-Feigenkaktus
Da — Figenkaktus
Sv — Buskopuntia

| 6-9 | 0,8-1,5 m | Jamaica | Cactaceae | 0-400 m |

Orchis scopulorum Summerh.

P — **Orquídea das Rochas**
F — **Orchis des rochers**
E — **Rock Orchid**
D — **Felsen-Knabenkraut**
Sv — **Klippnycklar**

5-6	20-40 cm	Madeira	Orchidaceae	900-1850 m	
Erva	Herbe	Herb	Kraut	Urt	Ört

Erva	Herbe	Herb	Kraut	Urt	Ört
5-6	20-60 cm	África do Sul	Liliaceae		200-800 m

P — Torrões de Açúcar, Pinhas, Ornitógalo, Estrelas do Cabo
F — Ornithogale, «Chincherinchée» des Boers
E — «Chincherinchee», Star of Bethlehem
D — «Chincherinchee», Milchstern
Da — Fuglemælk
Sv — Kapstjärna

Ornithogalum thyrsoides Jacq.

Oxalis pes-caprae L.
Syn.: *O. cernua* Thunb.

P — Azedas, Trevo, Erva Pata
F — Pied de chèvre, Oseille du Cap, Bouton d'or des Bermudes
E — Cape Sorrel, Goat's Foot, Bermuda Buttercup
D — Gelber Sauerklee, Geissfuss
Da — Kap-Surkløver
Sv — Gul Lyckoklöver

1-4	15-30 cm	África do Sul	Oxalidaceae	0-700 m	
Erva	Herbe	Herb	Kraut	Urt	Ört	269

Oxalis purpurea L.
Syn.: *O. variabilis* Jacq.

P — **Trevo Vermelho, Azedas**
F — **Oseille rouge**
E — **Red Flowering Sorrel**
D — **Purpur-Sauerklee**
Da — **Surkløver**
Sv — **Purpur Lyckoklöver**

| 12-4 | 3-6 cm | África do Sul | Oxalidaceae | 200-900 m |

| Erva | Herbe | Herb | Kraut | Urt | Ört |

Pandanus utilis Bory

P — Pandano
F — Vaquois, Pandanus
E — Screwpine
D — Schraubenbaum
Da — Skruepalme
Sv — Skruvpalm

6	5-10 m	Madagascar	Pandanaceae	0-200 m	
Árvore	Arbre	Tree	Baum	Træ	Träd

271

272   Trepadeira   Pl. Grimpante   Climber   Kletterpflanze   Klatreplante   Klängväxt

3-7	3-10 m	Austrália	Bignoniaceae	0-400 m

P — **Bignónia**
F — **Bignone, Jasmin trompette, Liane trompette**
E — **Bower Plant, Bower of Beauty**
D — **Jasmin-Klettertrompete**
Sv — **Jasmin Trumpetranka**

Pandorea jasminoides (Lindl.) K. Schum.
Syn.: *Tecoma jasminoides* Lindl.

Trepadeira	Pl. Grimpante	Climber	Kletterpflanze	Klatreplante	Klängväxt	273
2-3	3-7 m		Austrália	Bignoniaceae	0-200 m	

- P — **Bignónia**
- F — **Bignone**
- E — **Wonga-Wonga Vine**
- D — **Klettertrompete**
- Sv — **Trumpetranka**

Pandorea pandorana (Andr.) Steenis
Syn.: *Bignonia pandorana* Andr.
B. australis (R. Br.) Ait.

Paphiopedilum insigne (Wall. ex Lindl.) Pfitz.
Syn.: *Cypripedium insigne* Wall. ex Lindl.

P — Sapatinhos
F — Sabot de Vénus, Cypripède
E — Lady's Slipper, Venus' Slipper
D — Venusschuh, Frauenschuh
Da — Venussko, Fruesko
Sv — Venussko

| 12-1 | 15-30 cm | Himalaia | Orchidaceae | 0-300 m |

Passiflora antioquiensis Karst.
Syn.: *Tacsonia van-volxemii* Lem.
P. van-volxemii (Lem.) Triana & Planch.

P — Maracujá de Flor Vermelha
F — Fleur de la Passion, Passiflore rouge
E — Red Passion Flower
D — Rote Passionsblume
Da — Passionsblomst
Sv — Tubpassionsblomma

| 4-5 | 3-8 m | Colômbia | Passifloraceae | 200-800 m |

Trepadeira Pl. Grimpante Climber Kletterpflanze Klatreplante Klängväxt

Passiflora edulis Sims

P — Maracujá Roxo, Flor da Paixão, Martírio
F — Passiflore, Fleur de la Passion
E — Passion Flower
D — Purpurgranadille, Kleine Granadille
Da — Passionsblomst
Sv — Passionsfrukt

4-11	3-6 m	Brasil	Passifloraceae	0-700 m

276　Trepadeira　Pl. Grimpante　Climber　Kletterpflanze　Klatreplante　Klängväxt

Passiflora × *exoniensis* L.H. Bailey
(*P. antioquiensis* Karst. × *P. mollissima*
(H.B.K.) L.H. Bailey)

P — Maracujá Banana
F — Passiflore, Fleur de la Passion
E — Passion Flower, Granadilla
D — Bastard-Passionsblume
Da — Passionsblomst
Sv — Passionsblomma

4-11	3-6 m		Passifloraceae	0-700 m
Trepadeira	Pl. Grimpante	Climber	Kletterpflanze	Klatreplante	Klängväxt

277

278	Erva	Herbe	Herb	Kraut	Urt	Ört
	3-8	20-50 cm	Abissínia		Poaceae	0-200 m

P — Plumas de Seda
F — Plumes de soie
E — Silk Plumes
D — Federborstengras, Gefiederähre
Da — Dungræs
Sv — Dunborstgräs

Pennisetum villosum R. Br. ex Fresen.
Syn.: *P. longistylum* auct. azor., non Hochst. ex A. Rich.

Pericallis aurita (L'Hérit.) B. Nord.
Syn.: *Senecio auritus* (L'Hérit.) Lowe
Senecio maderensis DC.
Cineraria aurita L'Hérit.

P — Erva de Coelho
F — Sénéçon de Madère
E — Madeira Groundsel
D — Madeira-Greiskraut, Madeira-Kreuzkraut
Da — Madeira-Brandbæger
Sv — Skär Sommarmurgröna

| 6-7 | 0,5-1 m | Madeira | Asteraceae | 700-1200 m |

Persea americana Mill.
Syn.: *P. gratissima* Gaertn. f.

P — Abacateira, Pereira Abacate
F — Avocatier, Laurier-Avocatier, Poirier de Nouvelle-Grenade
E — Avocado, Alligator Pear
D — Avocado, Avocato, Avocatobirne
Da — Avocadopære
Sv — Avokado

1-4	5-12 m	América Tropical	Lauraceae	0-350 m
Árvore	Arbre	Tree	Baum	Træ	Träd

P — Vinhático, Loureiro Real
F — Laurier royal, Acajou de Madère
E — Madeira Mahogany
D — Madeira-Mahagoni, Madeira-Lorbeer
Da — Madeira-Mahogni
Sv — Madeiralager

Persea indica (L.) K. Spreng.
Syn.: *Phoebe indica* (L.) Pax
Laurus indica L.

| 6-11 | 5-15 m | Madeira, Açores, Canárias | Lauraceae | 500-1700 m |

| Árvore | Arbre | Tree | Baum | Træ | Träd | 281 |

Petrea volubilis L.

P — Estrela Azul, Flor de Jesus, Flor de Sta. Maria, Viuvinha
F — Pétrée, Liane rude, Liane de St. Jean
E — Purple Wreath, Bluebird-Vine, Queen's Wreath
D — Purpurkranz
Sv — Purpurkrona

| 3-7 | 3-6 m | América Tropical | Verbenaceae | 0-200 m |

Trepadeira   Pl. Grimpante   Climber   Kletterpflanze   Klatreplante   Klängväxt

Phaedranthus buccinatorius (DC.) Miers
Syn.: *Bignonia buccinatoria* DC.

P — Dedos de Senhora
E — Mexican Blood-Trumpet
D — Posaunen-Bignonie
Da — Blodtrompet
Sv — Blod Trumpetranka

| 5-7 | 5-10 m | México | Bignoniaceae | 0-300 m |
| Trepadeira | Pl. Grimpante | Climber | Kletterpflanze | Klatreplante | Klängväxt |

283

Phoenix canariensis hort. ex Chabaud

P — **Palmeira das Canárias**
F — **Palmier des Canaries**
E — **Canary Palm**
D — **Kanarische Dattel-Palme**
Da — **Fønikspalme**
Sv — **Kanariedadelpalm**

1-3	5-20 m	Canárias	Arecaceae	0-400 m
Árvore	Arbre	Tree	Baum	Træ	Träd

Arbusto	Arbrisseau	Shrub	Strauch	Busk	Buske	*285*
4-7	0,3-1 m	Madeira, Canárias		Rubiaceae	0-1400 m	

P — Cabreira
F — Oreille de lièvre, Belle-feuille
E — Bastard Hare's Ear
D — Phyllis, Strauchkapp
Sv — Phyllis

Phyllis nobla L.

Phytolacca americana L.
Syn.: *Ph. decandra* L.

P — Vinagreira, Tintureira,
 Uva dos Passarinhos, Fitolaca
F — Teinturier, Raisin d'Amérique
E — Virginian Poke
D — Amerikanische Kermesbeere
Da — Kermesbær
Sv — Kermesbär

6-9	0,5-1 m	América do Norte	Phytolaccaceae	0-100 m
Erva	Herbe	Herb	Kraut	Urt	Ört

Phytolacca dioica L.

P — Bela Sombra
F — Phytolaque dioïque, Belombra, Belsombra
E — Ombu, Beautiful Shade, Tree Poke, Umbra Tree
D — Ombu, Kermesbeerenbaum, Schöner Schatten
Da— Kermesbærtræ
Sv — Kermesbärträd

4-5	15-20 m	América do Sul	Phytolaccaceae	0-500 m
Árvore	Arbre	Tree	Baum	Træ	Träd

287

288	Árvore	Arbre	Tree	Baum	Træ	Träd
	2-7	3-10 m	Madeira, Canárias	Oleaceae		800-1000 m

P — Pau Branco
F — Notelée, Faux-Olivier des Canaries
E — Picconia
D — Notelaea
Da — Madeira-Oliven
Sv — Kanarieoliv

Picconia excelsa (Ait.) DC.
Syn.: *Olea maderensis* Cels.
Notelaea excelsa (Ait.) W. & B.
Olea excelsa Ait.

Pinus pinaster Ait.
Syn.: *P. maritima* Lam. non Mill.

P — Pinheiro Bravo, Pinheiro Marítimo
F — Pin maritime, pinastre
E — Cluster Pine, Sea Pine, Star Pine
D — Strandkiefer, Sternkiefer
Da — Strandfyr
Sv — Strandtall, Strandfura

3-4	10-30 m	Mediterrâneo Ocidental	Pinaceae	0-1500 m
Árvore	Arbre	Tree	Baum	Træ	Träd

289

Pittosporum undulatum Vent.

P — Pitósporo, Incenseiro, Árvore do Incenso
F — Pittospore ondulé, Laurier d'Australie
E — Cheese Wood, Victorian Laurel, Sweet Pittosporum
D — Krausblättriger Klebsame
Da — Falsk Kaffetræ
Sv — Krusbladig Glansbuske, Falskt Kaffe

	1-3	4-8 m		Austrália		Pittosporaceae		0-700 m
290	Árvore	Arbre		Tree		Baum	Træ	Träd

Plantago arborescens Poir.
ssp. *maderensis*
(Decne.) A. Hansen & Kunk.
Syn.: *P. maderensis* Decne.
P. costae Mnzs.

P — **Plântago da Madeira**
F — **Plantain de Madère**
E — **Madeira Plantain**
D — **Madeira-Wegerich**
Da — **Træ-Vejbred**
Sv — **Madeirakämper**

2-5	15-30 cm	Madeira, Canárias	Plantaginaceae	0-1500 m
Arbusto	Arbrisseau	Shrub	Strauch	Busk	Buske

292 | Erva | Herbe | Herb | Kraut | Urt | Ört

| 4-6 | 20-50 cm | Madeira | Plantaginaceae | 700-900 m |

P — Tanchagem de Malato-Beliz
F — Plantain géant de Madère
E — Madeira Giant Plantain
D — Riesiger Madeira-Wegerich
Da — Madeira-Vejbred
Sv — Jättekämper

Plantago malato-belizii Lawalrée

Platanus × *hybrida* Brot.

P — Plátano
F — Platane
E — Plane Tree, Maple-Leaved Plane
D — Platane
Da — Platan
Sv — Hybridplatan

3-4	5-20 m	(Cultivar)	Platanaceae	0-750 m
Árvore	Arbre	Tree	Baum	Træ	Träd

Platycerium bifurcatum (Cav.) C. Chr.
Syn.: *P. alcicorne* hort. non (Willem.) Tard.

P — Feto Corno-de-Veado
F — Platicerium "corne d'élan", Fougère "bois de cerf"
E — Stag's Horn Fern
D — Geweihfarn, Elenshornfarn
Da — Hjortetak-Bregne
Sv — Älghornsbräken

| 8-10 | 0,4-1 m | Austrália | Polypodiaceae | 0-300 m |

Plumbago auriculata Lam.
Syn.: *P. capensis* Thunb.

P — **Plúmbago**
F — **Dentelaire du Cap, Plumbago**
E — **Cape Leadwort, Plumbago**
D — **Kap-Bleiwurz**
Da — **Kap-Blyrod**
Sv — **Blyblomma**

1-12	1-7 m	África do Sul	Plumbaginaceae	0-300 m
Trepadeira	Pl. Grimpante	Climber	Kletterpflanze	Klatreplante	Klängväxt

295

Plumeria rubra L. var. *acutifolia* (Poir.) L.H. Bailey
Syn.: *P. acuminata* Ait.
P. acutifolia Poir.

P — **Planta dos dentes**
F — **Frangipanier**
E — **Frangipani, Pagoda Tree**
D — **Frangipani**
Da — **Pagodetræ**
Sv — **Frangipani**

6-10	2-4 m	México	Apocynaceae	0-300 m
Árvore	Arbre	Tree	Baum	Træ	Träd

Podranea ricasoliana (Tanfani) Sprague
Syn.: *Tecoma ricasoliana* Tanfani

P — Ricasoliana
F — Ricasolier
E — Podranea, Ricasol Podranea
D — Weitschlundige Bignonie
Sv — Skär Trumpetranka

6-10	3-10 m	África do Sul	Bignoniaceae	0-400 m
Trepadeira	Pl. Grimpante	Climber	Kletterpflanze	Klatreplante	Klängväxt

298	Erva	Herbe	Herb	Kraut	Urt	Ört
	3-7	20-30 cm	India, Himalaia	Polygonaceae		0-700 m

P — Polígono de Jardim
F — Renouée des jardins
E — Garden Knotweed
D — Kopfiger Knöterich
Da — Pileurt
Sv — Huvudormrot

Polygonum capitatum Buch.-Hamilt. ex D. Don

Polygonum maritimum L.

- P — Polígono Marítimo
- F — Renouée maritime, Renouée des sables
- E — Sea-Side Knotweed
- D — Strand-Knöterich
- Da — Pileurt
- Sv — Strandpilört

3-9	20-50 cm	Regiões Temperadas do Hemisfério Norte	Polygonaceae	0-100 m
Erva	Herbe	Herb	Kraut	Urt	Ört

299

| 5-9 | 30-50 cm | Madeira | Aspidiáceae | 800-1800 m |

P — Feto Áspero
F — Polystic de Madère
E — Shield-Fern
D — Punktfarn, Schildfarn
Da — Madeira-Skjoldbregne
Sv — Liebräken

Polystichum falcinellum (Swartz) C. Presl
Syn.: *Aspidium falcinellum* Swartz

Populus alba L.

P — Choupo Branco
F — Peuplier blanc
E — White Poplar, Silver Poplar
D — Silberpappel
Da — Sølv-Poppel
Sv — Silverpoppel

3-4	5-10 m	Sudeste da Europa, Ásia	Salicaceae	0-300 m
Árvore	Arbre	Tree	Baum	Træ	Träd

Protea cynaroides L.

P — **Proteia Real**
F — **Protée, Artichaut du Cap**
E — **Cape Artichoke-Flower, King Protea, Giant Honeypot**
D — **Proteusstrauch, Protee, Riesenprotea**
Sv — **Kungsprotea**

4-6	1-1,5 m	África do Sul	Proteaceae	400-700 m
Arbusto	Arbrisseau	Shrub	Strauch	Busk	Buske

Árvore	Arbre	Tree	Baum	Træ	Träd	303
3-4	3-6 m	Pérsia, Margens do Mar Negro		Rosaceae	300-800 m	

P — Louro Cerejo, Louro Inglês
F — Laurier-Cerise
E — Cherry Laurel, Cherry Bay, Bay Laurel
D — Lorbeerkirsche, Kirschlorbeer
Da — Lavrbær-Kirsebær
Sv — Lagerhägg

Prunus laurocerasus L.
Syn.: *Laurocerasus officinalis* M. J. Roem.
Cerasus laurocerasus (L.) Loisel.

Prunus lusitanica L. ssp. *hixa* (Willd.) Franco
Syn.: *P. hixa* Brouss. ex Willd.
Laurocerasus l. (L.) Roem. ssp. *hixa* (Willd.) Kunk.
Cerasus l. (L.) Lois.

P — Gingeira Brava, Azereiro
F — Laurier-cerise du Portugal
E — Portuguese Cherry Bay
D — Portugiesischer Kirschlorbeer
Da — Portugisisk Lavrbær-Kirsebær
Sv — Portugisisk Lagerhägg

| 7-8 | 3-10 m | Madeira, Canárias | Rosaceae | 400-800 m |

304   Árvore   Arbre   Tree   Baum   Træ   Träd

Árvore	Arbre	Tree	Baum	Træ	Träd	305
4-7	6-10 m	América do Norte (Faixa Ocidental)	Pinaceae		500-1400 m	

P — **Pseudotsuga**
F — **Sapin de Douglas**
E — **Douglas Fir**
D — **Douglasie, Douglasfichte, Douglastanne**
Da — **Douglasgran**
Sv — **Douglasgran**

Pseudotsuga menziesii (Mirb.) Franco
Syn.: *Pseudotsuga douglasii* (Sabine ex D. Don) Carr.

Psidium guajava L.
Syn.: *P. pyriferum* L.
P. pomiferum L.

P — Goiabeira, Goiaba
F — Goyavier, Guava
E — Guava Tree, Guava
D — Guayave-Baum
Da — Guajava-Træ
Sv — Guava

	6-7	2-3 m	América Tropical		Myrtaceae	0-200 m
306	Pequena Árvore	Petit Arbre	Small Tree	Kleiner Baum	Lille Træ	Litet Träd

Psidium guineense Swartz
Syn.: *P. araca* Raddi

P — Araçaleiro, Araçá
F — Goyavier-Fraise
E — Strawberry Guava, Guyana Guava
D — Araca
Sv — Brasiliansk Guava

3-6	2-4 m	América Tropical	Myrtaceae	0-300 m
	Pequena Árvore	Petit Arbre	Small Tree	Kleiner Baum	Lille Træ	Litet Träd

Pyracantha angustifolia (Franch.) Schneid.

P — Piracanto, Sarça Ardente, Perinhos
F — Buisson ardent, Pyracanthe
E — Firethorn
D — Schmalblättriger Feuerdorn
Da — Ildtorn
Sv — Eldtorn

2-6	1-2 m	China	Rosaceae	0-750 m
Arbusto	Arbrisseau	Shrub	Strauch	Busk	Buske

Pyrostegia venusta (Ker-Gawl.) Miers
Syn.: *Pyrostegia ignea* (Vell.) K. B. Presl
Bignonia venusta Ker-Gawl.

P — Gaitas, Gaitinhas, Bignónia
F — Bignonia gracieux, Liane aurore
E — Golden Shower, Orange Trumpet Vine
D — Feuer-Bignonie, Pyrostegie, Feuerranke
Da — Rødgul Trompettræ
Sv — Eldbignonia

11-2	3-10 m	Brasil, Bolívia	Bignoniaceae	0-300 m
Trepadeira	Pl. Grimpante	Climber	Kletterpflanze	Klatreplante	Klängväxt

Quisqualis indica L.

P — Quisqualis
F — Quisqualis de l'Inde, Quisqualier d'Inde, Liseron des Indes
E — Chinese Honeysuckle, Rangoon Creeper
D — Rangun-Kletterpflanze
Sv — Kviskvalis

| 7-9 | 3-5 m | Ásia Tropical, África Tropical | Combretaceae | 0-200 m |

310 Trepadeira Pl. Grimpante Climber Kletterpflanze Klatreplante Klängväxt

Ranunculus cortusifolius Willd.
Syn.: *Ranunculus grandifolius* Lowe

P — Ranúnculo, Doiradinha
F — Renoncule à grandes feuilles
E — Buttercup, Crowfoot
D — Grossblättriger Hahnenfuss
Da — Madeira-Smørblomst
Sv — Storbladssmörblomma, Ranunkel

4-5	0,1-0,8 m	Madeira, Açores, Canárias	Ranunculaceae	700-1500 m
Erva	Herbe	Herb	Kraut	Urt	Ört

312　Árvore　　　Arbre　　　Tree　　　Baum　　　Træ　　　Träd

| 3-4 | 4-8 m | Madeira, Canárias | Rhamnaceae | 500-1000 m |

P — Sanguinho
F — Nerprun glanduleux, Bourgène toujours verte
E — Dogwood
D — Drüsiger Kreuzdorn
Da — Kirtlet Vrietorn
Sv — Körtelig Getapel

Rhamnus glandulosa Ait.

Rhododendron arboreum Sm.

P — Rododendro
F — Rhododendron
E — Flame Tree, Tree Rhododendron
D — Alpenrose, Baum-Rhododendron
Da — Rhododendron
Sv — Trädrhododendron, Alpros

2-3	3-6 m	Himalaia	Ericaceae	300-800 m
Árvore	Arbre	Tree	Baum	Træ	Träd

313

Rhus coriaria L.

P — **Sumagre**
F — **Redoul, Arbre à sumac, Sumach des corroyeurs, Rhue des jardins**
E — **Tanning Sumach**
D — **Gerbersumach**
Da — **Sumak**
Sv — **Sumak**

6-8	0,5-1,5 m	Mediterrâneo, Pérsia	Anacardiaceae	0-400 m
314 Arbusto	Arbrisseau	Shrub	Strauch	Busk	Buske

Ricinus communis L.

P — Carrapateira, Rícino, Mamoneira
F — Ricin, Palma Christi
E — Castor Oil Plant
D — Rizinus, Wunderbaum
Da — Amerikansk Olieplante
Sv — Ricinusbuske

1-12	1-3 m	África Tropical	Euphorbiaceae	0-400 m
Arbusto	Arbrisseau	Shrub	Strauch	Busk	Buske

316

| 7-8 | 20-30 cm | África do Sul | Crassulaceae | 500-800 m |

P — Ensaião Vermelho
F — Crassule rouge, Corail de jardin, Rochéa écarlate
E — Garden Coral
D — Rochee, Zierzumpe
Da — Solglød
Sv — Karamellblomma

Rochea coccinea (L.) DC.
Syn.: *Crassula coccinea* L.

Arbusto	Arbrisseau	Shrub	Strauch	Busk	Buske	*317*
6-9	1-2 m	Madeira	Rosaceae		400-1600 m	

P — Silvado, Silva
F — Ronce, Mûre
E — Giant Bramble
D — Brombeere
Da — Brombær
Sv — Madeirabjörnbär

Rubus grandifolius Lowe
Syn.: *R. pedatus* Soland.

Rumex maderensis Lowe
Syn.: *R. scutatus* Buch non L.
R. tingitanus W. & B. non L.
Acetosa maderensis (Lowe) Löve & Kapoor

P — **Azedas**
F — **Oseille de Madère**
E — **Madeira Sorrel**
D — **Madeira-Ampfer**
Da — **Madeira-Syre**
Sv — **Madeirasyra**

| 6-8 | 0,4-1 m | Madeira, Canárias | Polygonaceae | 200-1000 m |

318 Erva Herbe Herb Kraut Urt Ört

Russelia equisetiformis Schlecht. & Cham.
Syn.: *R. juncea* Zucc.

P — Russélia, Lágrimas de Amor
F — Queue de cheval
E — Coral Plant, Russelia, Fountain Plant
D — Russelie
Sv — Russelia

| 1-12 | 0,5-1 m | México | Scrophulariaceae | 0-500 m |

| Arbusto | Arbrisseau | Shrub | Strauch | Busk | Buske |

| 1-3 | 1,5-2 m | Ásia Tropical | Poaceae | 0-350 m |

P — Cana de Açúcar, Cana Sacarina
F — Canne à sucre
E — Sugar Cane
D — Zuckerrohr
Da — Sukkerrør
Sv — Sockerrör

Saccharum officinarum L.

Árvore	Arbre	Tree	Baum	Træ	Träd	*321*
	6-12 m	China		Salicaceae	0-400 m	

P — **Salgueiro Chorão**
F — **Saule pleureur**
E — **Weeping Willow**
D — **Trauerweide**
Da — **Tåre-Pil**
Sv — **Fontänpil, Tårpil**

Salix babylonica L.
Syn.: *S. elegantissima* C. Koch

Salix viminalis L.

- P — Vime, Vimeiro
- F — Osier blanc, Saule des vanniers
- E — Common Osier, Basket Willow
- D — Korbweide, Hanfweide
- Da — Bånd-Pil
- Sv — Korgvide

4-5	1-2,5 m	Europa, Norte da Ásia	Salicaceae	0-800 m
Arbusto	Arbrisseau	Shrub	Strauch	Busk	Buske

| 2-8 | 0,6-1,2 m | México | Lamiaceae | 0-500 m |

P — Sálvia Branca
F — Sauge à fleurs blanches
E — White-Blooming Sage, Mexican Bush Sage
D — Weissblütige Salbei
Da — Salvie
Sv — Vitkant Salvia

Salvia leucantha Cav.
Syn.: *S. eriocalyx* auct. mad.

Salvia sessei Benth.

P — Sálvia do México
F — Sauge du Mexique
E — Mexican Sage
D — Behaarte Salbei
Da — Salvie
Sv — Mexicosalvia

6-10	1-2 m	México	Lamiaceae	0-200 m
Arbusto	Arbrisseau	Shrub	Strauch	Busk	Buske

Salvia splendens Sello ex Roem. & Schult.

P — Camarões, Sálvias
F — Sauge éclatante, Sauge écarlate
E — Scarlet Sage
D — Feuer-Salbei, Scharlach-Salbei, Glänzende-Salbei, Pracht-Salbei
Da — Pragt-Salvie
Sv — Praktsalvia

| 7-9 | 30-80 cm | Brasil | Lamiaceae | 0-500 m |

Samanea saman (Jacq.) Merrill
Syn.:
Enterolobium s. (Jacq.) Prain
Pithecellobium s. (Jacq.) Benth.

P — Enterolóbio, Samaneiro, Falsa Albízia
F — Arbre à la pluie, Saman
E — Rain Tree, Saman, Monkey-Pod Tree
D — Regenbaum
Da — Regntræ
Sv — Regnträd

| 7-9 | 10 m | América Tropical | Mimosaceae | 0-200 m |

326 Árvore   Arbre   Tree   Baum   Træ   Träd

Sambucus lanceolata R. Br. in Buch
Syn.: *S. maderensis* Lowe

P — Sabugueiro da Madeira
F — Sureau de Madère
E — Madeira Elder
D — Madeira-Holunder
Da — Madeira-Hyld
Sv — Madeirafläder

5-6	3-5 m	Madeira	Caprifoliaceae	300-1100 m
Arbusto	Arbrisseau	Shrub	Strauch	Busk	Buske

328 | Arbusto | Arbrisseau | Shrub | Strauch | Busk | Buske

| 5-7 | 2-3 m | Europa, Norte de África, Ásia Ocidental | Caprifoliaceae | 0-400 m |

P — **Sabugueiro Negro**
F — **Sureau noir**
E — **Common European Elder**
D — **Schwarzer Holunder**
Da — **Alm. Hyld**
Sv — **Fläder**

Sambucus nigra L.

329

| 2-6 | 40-60 cm | África Tropical | Liliaceae | 0-400 m |

P — Espadas, Espadas de S. Jorge, Espadanas, Sansevieras, Línguas de Sogra
F — Sansevière, Chanvre d'Afrique, Langues de belle-mère
E — Bowstring Hemp, African Hemp, Snake Plant, Mother-in-Law's Tongue
D — Afrikanischer Hanf, Bogenhanf
Da — Bajonetplante
Sv — Svärmorstunga

Sansevieria trifasciata Prain
var. *laurentii* (De Wild.) N. E. Br.
Syn.: *S. laurentii* De Wild.

Saxifraga maderensis Don
Syn.: *S. geranioides* Buch non L.

P — Saxífraga da Madeira
F — Saxifrage de Madère, Perce-pierre de Madère
E — Madeira Saxifrage, Madeira Breakstone
D — Madeira-Steinbrech
Da — Madeira-Stenbræk
Sv — Madeirabräcka

4-6	6-15 cm	Madeira	Saxifragaceae	600-1500 m
Erva	Herbe	Herb	Kraut	Urt	Ört

Schefflera actinophylla (Endl.) Harms
Syn.: *Brassaia actinophylla* Endl.

P — **Brassaia**
F — **Arbre ombrelle**
E — **Octopus Tree, Umbrella Tree**
D — **Regenschirmbaum**
Da — **Paraplytræ**
Sv — **Palmaralia**

8-11	3-6 m	Austrália, Nova Guiné	Araliaceae	0-400 m
Árvore	Arbre	Tree	Baum	Træ	Träd

Schinus molle L.

- P — Pimenteira Bastarda, Pimenteira da Índia
- F — Faux Poivrier, Poivrier du Pérou
- E — Pepper Tree, Peruvian Mastic Tree
- D — Peruanischer Pfefferbaum
- Da — Peruansk Pebertræ
- Sv — Peruanskt Pepparträd

10-2	4-8 m	América do Sul	Anacardiaceae	0-400 m
Árvore	Arbre	Tree	Baum	Træ	Träd

Schotia brachypetala Sond.

P — Schótia
F — Gayac d'Afrique
E — Caffre Bean Tree, Tree Fuchsia
D — Schotie
Sv — Schotia

3-5	4-8 m	Rodésia até África do Sul	Caesalpiniaceae	0-400 m
Árvore	Arbre	Tree	Baum	Træ	Träd

P	—	Cila da Madeira	
F	—	Scille ou Jacinthe de Madère	
E	—	Madeira Squill, Hyacinth Squill	
D	—	Madeira-Blaustern, Madeira-Sternhyazinthe, Madeira-Meerzwiebel	
Da	—	Madeira-Skilla	
Sv	—	Madeirascilla	

Scilla maderensis Mnzs.
Syn.: *S. hyacinthoides* Ait. non L.

11-12 20-35 cm Madeira Liliaceae 0-900 m

335

| 5-7 | 30-90 cm | Mediterrâneo | Asteraceae | 0-200 m |

P — Cardo, Tigarro
F — Épine jaune, Chardon jaune, Scolyme taché
E — Spotted Golden Thistle
D — Labgoldkorn, Gefleckter Golddistel
Da — Gultorn
Sv — Fläckig Gultistel

Scolymus maculatus L.

Sechium edule (Jacq.) Swartz
Syn.: *Chayota edulis* Jacq.

P — Pepinela, Caiota, Chuchu
F — Chayote, Chouchoute, Christophine
E — Chayote, Vegetable Pear, Chocho
D — Chayote
Da — Kajote
Sv — Kayote

| 8-10 | 6-12 m | Indias Ocidentais | Cucurbitaceae | 0-500 m |

Trepadeira Pl. Grimpante Climber Kletterpflanze Klatreplante Klängväxt

337

| 7-8 | 5-10 cm | Madeira | Crassulaceae | 0-100 m |

P — Erva Arroz, Arroz da Rocha
F — Orpin de Brissemoret, Sedum de Brissemoret
E — Brissemoret's Stonecrop
D — Brissemoret-Fetthenne
Da — Stenurt
Sv — Brissmorets Fetknopp

Sedum brissemoretii Raym.-Hamet

338

| 6-8 | 10-15 cm | Madeira | Crassulaceae | 800-1700 m |

P — Erva Arroz
F — Orpin de Madère
E — Mealy Stonecrop
D — Mehlige Fetthenne
Da — Stenurt
Sv — Madeirafetknopp

Sedum farinosum Lowe

Sedum nudum Ait.
ssp. *nudum*

P — Erva Arroz, Arroz da Rocha
F — Orpin à tiges nues
E — Smooth Stonecrop
D — Nackte Fetthenne
Da — Stenurt
Sv — Kal Fetknopp

| 7-9 | 5-10 cm | Madeira | Crassulaceae | 0-100 m |

Sedum praealtum A. DC.

P — Ensaião Gigante, Patinha de Galinha
F — Orpin géant
E — Giant Stonecrop
D — Strauchige Fetthenne
Da — Stenurt
Sv — Fetknoppsbuske

12-5	0,5-1,5 m	México	Crassulaceae	0-700 m
Arbusto	Arbrisseau	Shrub	Strauch	Busk	Buske

Trepadeira	Pl. Grimpante	Climber	Kletterpflanze	Klatreplante	Klängväxt	341
4-5	3-10 m		Madeira, Canárias	Liliaceae	0-800 m	

P — Alegra-Campo
F — Fragon grimpant
E — Climbing Butcher's Broom
D — Kletternder Mäusedorn
Sv — Madeiralian

Semele androgyna (L.) Kunth
Syn.: *Ruscus androgynus* L.

Senecio mikanioides Otto ex Walp.
Syn.: *S. scandens* DC. non Buch.-Ham.

P — Tasneirinha
F — Séneçon-liane, Lierre d'été
E — Climbing Groundsel, German Ivy
D — Sommerefeu, Kap-Efeu
Da — Jernbane-Vedbend
Sv — Sommarmurgröna

| 12-1 | 2-6 m | África do Sul | Asteraceae | 0-700 m |

Trepadeira Pl. Grimpante Climber Kletterpflanze Klatreplante Klängväxt

Senecio petasitis (Sims) DC.
Syn.: *Cineraria petasitis* Sims

P — Senécio
F — Séneçon à port de tussilage
E — California Geranium, Velvet Groundsel
D — Pestwurz-Greiskraut, Pestwurz-Kreuzkraut
Da — Kæmpe-Brandbæger
Sv — Skråpstånds

1-2	1-2 m	México	Asteraceae	300-700 m	
Arbusto	Arbrisseau	Shrub	Strauch	Busk	Buske

343

Senecio tamoides DC.

P — Senécio
F — Séneçon à port de tamier
E — Ivy-Leaved Groundsel, Canary Creeper
D — Schmerwurz-Greiskraut
Da — Kap-Brandbæger
Sv — Krypstånds

| 9-11 | 2-4 m | África do Sul | Asteraceae | 0-400 m |

344 Trepadeira Pl. Grimpante Climber Kletterpflanze Klatreplante Klängväxt

Senna bicapsularis (L.) Roxb.
var. *bicapsularis*
Syn.: *Cassia bicapsularis* L.

P — Cássia
F — Caneficier bâtard, Casse à bâtonnets
E — Stiverbush
D — Zweikapselige Kassie, Zweikapseliger Gewurzrindenbaum
Da — Sennes, Kassia
Sv — Cassia

1-12	1-2 m	América Tropical	Caesalpiniaceae	0-200 m
Arbusto	Arbrisseau	Shrub	Strauch	Busk	Buske

345

Senna corymbosa (Lamk.) Irwin & Barneby
Syn.: *Cassia corymbosa* Lamk.

P — **Cássia Corimbosa**
F — **Séné, Casse en corymbes**
E — **Flowering Senna**
D — **Doldentraubige Kassie, Doldentraubiger Gewurzrindenbaum**
Da — **Sennes, Kassia**
Sv — **Cassia**

7-10	1-1,5 m	Argentina, Uruguai, Sul do Brasil	Caesalpiniaceae	0-400 m
Arbusto	Arbrisseau	Shrub	Strauch	Busk	Buske

Arbusto	Arbrisseau	Shrub	Strauch	Busk	Buske	*347*
1-12	1,5-3 m	África Tropical		Caesalpiniaceae	0-450 m	

P — **Cássia**
F — **Séné d'Ethiopie, Casse**
E — **Popcorn Bush**
D — **Kassie, Kerzenstrauch**
Da — **Sennes, Kassia**
Sv — **Ljusbuske**

Senna didymobotrya (Fresen.) Irwin & Barneby
Syn.: *Cassia didymobotrya* Fresen.

Senna multijuga (L. C. Rich.) Irwin & Barneby var. *multijuga*
Syn.: *Cassia multijuga* L. C. Rich.

P — **Cássia**
F — **Casse**
E — **Cassia**
D — **Kassie**
Da — **Sennes, Kassia**
Sv — **Cassia**

| 8-9 | 1-4 m | América do Sul (Zona Tropical) | Caesalpiniaceae | 0-400 m |

| 348 | Árvore | Arbre | Tree | Baum | Træ | Träd |

Senna pendula (Lamk.)
var. *glabrata* (Vogel) Irwin & Barneby
Syn.: *Cassia indecora* var. *glabrata* Vogel

P — **Cássia**
F — **Casse**
E — **Cassia**
D — **Kassie**
Da — **Sennes, Kassia**
Sv — **Cassia**

9-10	1,5-3 m	Brasil	Caesalpiniaceae	0-300 m
Arbusto	Arbrisseau	Shrub	Strauch	Busk	Buske

Sibthorpia peregrina L.
Syn.: *Disandra prostrata* L.

P — Hera Terrestre, Erva Redonda
F — Faux Lierre terrestre
E — Madeira Moneywort
D — Niederliegende Sibthorpie
Sv — Gullreva

Erva	Herbe	Herb	Kraut	Urt	Ört
350 4-10	0,3-1 m	Madeira	Scrophulariaceae	500-1400 m	

Sideritis candicans Ait.
var. *candicans*
Syn.: *Leucophaë candicans* Ait.
L. massoniana (Benth.) W. & B.

P — Selvageira, Erva Branca
F — Crapaudine blanche, Fausse Sariette
E — Madeira Ironwort
D — Weisses Gliedkraut
Da — Madeira-Kortkrone
Sv — Madeirabergste

3-7	0,4-1 m	Madeira, Canárias	Lamiaceae	600-1700 m
Arbusto	Arbrisseau	Shrub	Strauch	Busk	Buske

Sideroxylon marmulano Banks ex Lowe var. *marmulano*

P — Marmulano
F — Bois de fer
E — Ironwood
D — Eisenholz
Da — Jerntræ
Sv — Järnträ

11-1	1-2,5 m	Madeira, Canárias, Cabo Verde	Sapotaceae	0-400 m
Arbusto	Arbrisseau	Shrub	Strauch	Busk	Buske

Arbusto	Arbrisseau	Shrub	Strauch	Busk	Buske	353
4-6	30-80 cm	Madeira	Brassicaceae		0-500 m	

P — Sinapidendro de Folha Estreita
F — Moutarde arbustive, Moutarde à feuilles de saule
E — Narrow-Leaved Mustard
D — Schmalblättriger Senf
Sv — Smalbladssenap

Sinapidendron angustifolium (DC.) Lowe
Syn.: *Sinapis angustifolia* DC.
Sinapidendron salicifolium Lowe

Sinapidendron gymnocalyx (Lowe) Rustan
Syn.: *S. rupestre* Lowe
var. *gymnocalyx* Lowe

P — **Couve da Rocha**
F — **Moutarde des rochers au calix nu**
E — **Naked-calyx Rock Mustard**
D — **Nacktkelcher Senf**

5-9	20-60 m	Madeira	Brassicaceae	0-200 m
Erva	Herbe	Herb	Kraut	Urt	Ört

Sinapidendron rupestre Lowe
Syn.: *S. r.* Lowe var. *rupestre*

P — **Couve da Rocha**
F — **Moutarde des rochers**
E — **Rock Mustard**
D — **Felsen-Senf**
Sv — **Klippsenap**

5-10	10-40 cm	Madeira	Brassicaceae	300-1400 m	
Arbusto	Arbrisseau	Shrub	Strauch	Busk	Buske

355

Sobralia macrantha Lindl.

P — Orquídea de Cana, Sobrália
F — Sobrália, Orchidée roseau
E — Bamboo Orchid, Cane Orchid
D — Bambus-Orchidee
Da — Bambus-Orkidé
Sv — Sobralia

| 4-8 | 0,5-1 m | México, Guatemala | Orchidaceae | 0-500 m |

Solanum jasminoides Paxt.

P — Jasmim Bastardo
F — Morelle à feuilles de Jasmin
E — Jasmine Nightshade, Potato Vine
D — Jasmin-Nachtschatten
Sv — Jasmin Nattskatta

1-12	3-6 m	América do Sul	Solanaceae	0-500 m
Trepadeira	Pl. Grimpante	Climber	Kletterpflanze	Klatreplante	Klängväxt

Solanum mauritianum Scop.
Syn.: *S. auriculatum* Ait.

P — **Tabaqueira**
F — **Tabac marron, Bois de tabac**
E — **Mauritius Nightshade**
D — **Wollblütiger Nachtschatten**
Da — **Uld-Natskygge**
Sv — **Ullnattskatta**

2-10	1-2 m	África Tropical / América Tropical	Solanaceae	0-500 m

358 | Arbusto | Arbrisseau | Shrub | Strauch | Busk | Buske

Solanum wendlandii Hook. f.

P — Coração de Estudante
F — Douce-amère
 à grandes fleurs
E — Potato Vine,
 Wendland's Nightshade,
 Paradise Flower
D — Wendlands Nachtschatten
Sv — Wendlands Nattskatta

| 5-9 | 3-5 m | Costa Rica | Solanaceae | 0-600 m |

Trepadeira   Pl. Grimpante   Climber   Kletterpflanze   Klatreplante   Klängväxt

Sonchus fruticosus L. f.
Syn.: *S. squarrosus* DC. non Jacq.

P — Leituga, Língua de Vaca Serralha da Rocha
F — Laiteron en arbre
E — Shrubby Sow Thistle
D — Strauch-Gänsedistel
Da — Busk-Svinemælk
Sv — Buskmjölktistel

	5-8	1-1,5 m	Madeira	Asteraceae		0-1200 m
360	Arbusto	Arbrisseau	Shrub	Strauch	Busk	Buske

Sonchus pinnatus Ait.

P — Leituga
F — Laiteron
E — Sow Thistle
D — Gefiederte Gänsedistel
Da — Madeira-Svinemælk
Sv — Fjädermjölktistel

4-8	0,2-1 m	Madeira	Asteraceae	0-1600 m
Arbusto	Arbrisseau	Shrub	Strauch	Busk	Buske

▲ *Sonchus ustulatus* Lowe
ssp. *maderensis* Aldridge

P — **Leituga**
F — **Laiteron**
E — **Burnt Sow Thistle**
D — **Gänsedistel, Saudistel**
Da — **Sveden Svinemælk**
Sv — **Madeiramjölktistel**

▲ *Sonchus ustulatus* Lowe
ssp. *ustulatus*

| 10-12 | 15-50 cm | Madeira | Asteraceae | 0-100 m |

362 Erva Herbe Herb Kraut Urt Ört

Sophora japonica L.

P — **Acácia do Japão, Sófora do Japão**
F — **Sophora du Japon**
E — **Pagoda Tree**
D — **Japanischer Schnurbaum**
Da — **Pagodetræ**
Sv — **Pagodträd**

| 7-9 | 10-15 m | China | Fabaceae | 0-500 m |

| Árvore | Arbre | Tree | Baum | Træ | Träd | 363 |

Sorbus maderensis (Lowe) Dode
Syn.: *Pyrus aucuparia* (L.) Gaertn.
var. *maderensis* Lowe
P. maderensis (Lowe) Mnzs.

P — **Sorveira, Tramazeira**
F — **Sorbier de Madère**
E — **Madeira Mountain Ash, Madeira Rowan**
D — **Madeira-Vogelbeerbaum**
Da — **Madeira-Røn**
Sv — **Madeirarönn**

| 6 | 1,5-2 m | Madeira | Rosaceae | 1600 m |

| 364 | Arbusto | Arbrisseau | Shrub | Strauch | Busk | Buske |

Sparmannia africana L.f.

- P — **Esparmânia**
- F — **Tilleul d'appartement, Sparmannie du Cap**
- E — **African Hemp**
- D — **Südafrikanische Sparmannie, Zimmerlinde**
- Da — **Stuelind**
- Sv — **Sparmannia**

1-10	1-2 m	África do Sul	Tiliaceae	400-700 m
Arbusto	Arbrisseau	Shrub	Strauch	Busk	Buske

Spathodea campanulata P. Beauv.

P — Espatódea, Chama da Floresta
F — Spathodée, Tulipier du Gabon
E — African Tulip Tree, Flame of the Forest, Fountain Tree
D — Afrikanischer Tulpenbaum, Gabun-Tulpenbaum
Da — Afrikansk Tulipantræ
Sv — Afrikanskt Tulpanträd

| 4-10 | 3-8 m | África Tropical | Bignoniaceae | 0-100 m |

| Árvore | Arbre | Tree | Baum | Træ | Träd |

367

| 7-9 | 5-10 m | Austrália | Cyatheaceae | 0-850 m |

P — Feto Arbóreo
F — Fougère arborescente, Fougère en arbre
E — Australian Tree-Fern
D — Coopers Baum-Farn
Da — Træ-Bregne
Sv — Coopers Trädormbunke

Sphaeropteris cooperi (F. v. Muell.) Tryon
Syn.: *Alsophila cooperi* F. v. Muell.
Cyathea cooperi (F. v. Muell.) Domin

Strelitzia reginae Ait.

- P — **Estrelícia, Ave do Paraíso**
- F — **Oiseau du Paradis**
- E — **Bird of Paradise**
- D — **Königin-Strelitzie, Paradiesvogelblume**
- Da — **Paradisfugl**
- Sv — **Papegojblomma**

1-12	0,5-1 m	África do Sul	Musaceae	0-400 m
Erva	Herbe	Herb	Kraut	Urt	Ört

Suaeda vera Forssk. ex J. F. Gmel.
Syn.: *S. fruticosa* auct. non (L.) Forssk.
S. laxifolia Lowe

P — Barrilha
F — Soude d'Afrique, Soude arbrisseau
E — Shrubby Sea Blite, Sea Rosemary
D — Echte Sode, Afrikanische Seifenstaude
Sv — Äkta Sodaört

3-6	15-50 cm	Europa Ocidental, Mediterrâneo	Chenopodiaceae	0-100 m
Arbusto	Arbrisseau	Shrub	Strauch	Busk	Buske

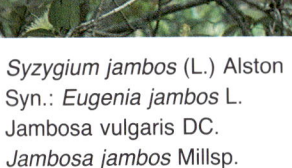

Syzygium jambos (L.) Alston
Syn.: *Eugenia jambos* L.
Jambosa vulgaris DC.
Jambosa jambos Millsp.

P — **Jambeiro**
F — **Pomme rose, Pommier rose, Jambosier, Jamorosier**
E — **Rose Apple, Malabar Plum**
D — **Rosenapfel, Jambos, Jambosenbaum**
Sv — **Rosenäpple**

3-6	4-8 m	Ásia Tropical	Myrtaceae	0-300 m
Árvore	Arbre	Tree	Baum	Træ	Träd

Tamarix gallica L.

- P — **Tamargueira, Tamariz**
- F — **Tamarinier, Tamarin, Tamaris, Tamarix**
- E — **Tamarisk**
- D — **Französische Tamariske, Gallische Tamariske**
- Da — **Tamarisk**
- Sv — **Tamarisk**

1-3	2-4 m	Mediterrâneo Ocidental, Norte e Noroeste da França	Tamaricaceae	0-200 m
	Pequena Árvore	Petit Arbre	Small Tree	Kleiner Baum	Lille Træ	Litet Träd

371

372 Trepadeira Pl. Grimpante Climber Kletterpflanze Klatreplante Klängväxt

| 12-1 | 1-2 m | Madeira, Canárias | Dioscoraceae | 0-800 m |

P — **Norça**
F — **Tamier comestible, Sceau de la Vierge**
E — **Edible Bryony, Yam**
D — **Essbare Schmerwurz**
Sv — **Ätlig Tamus**

Tamus edulis Lowe
Syn.: *Tamus communis* Link in Buch non L.
Dioscorea canariensis Bourg. ex W. & B.

Tecoma stans (L.) H. B. K.
Syn. *Stenolobium stans* (L.) Seem.

P — **Estenolóbio**
F — **Bois de Pissenlit, Fausse bignone**
E — **Yellow Bells, Yellow Elder, Shrubby Trumpet Flower**
D — **Aufrechte Trompetenblume**
Da — **Trompetblomst**
Sv — **Trumpetbuske**

3-9	2-3 m	América Central, América Tropical	Bignoniaceae	0-200 m
Arbusto	Arbrisseau	Shrub	Strauch	Busk	Buske

373

374

Tecomaria capensis (Thunb.) Spach
Syn.: *Bignonia capensis* Thunb.
Tecoma capensis (Thunb.) Lindl.

P — Camarões
F — Tecoma du Cap
E — Cape Honeysuckle
D — Kap-Bignonie
Da — Kap-Bignonie, Kaprose
Sv — Kapkaprifol

| 1-12 | 2-4 m | África do Sul | Bignoniaceae | 0-400 m |

Teline maderensis W. & B.
Syn.: *Cytisus maderensis* (W. & B.) Masf.
Genista maderensis (W. & B.) Lowe
G. canariensis Buch non L.
Cytisus candicans Holl

P — **Piorno**
F — **Cytise de Madère, Genêt de Madère**
E — **Shrub Trefoil**
D — **Madeira-Geissklee, Madeira-Kleestrauch**
Da — **Madeira-Gyvel**
Sv — **Madeiraginst**

6-7	0,5-2 m	Madeira	Fabaceae	100-1200 m
Arbusto	Arbrisseau	Shrub	Strauch	Busk	Buske

375

Tetrapanax papyriferum
(Hook.) K. Koch
Syn.: *Aralia papyrifera* Hook.

P — **Arália do Papel**
F — **Aralia à papier**
E — **The Rice Paper Tree**
D — **Papieraralie, Reispapierpflanze**
Da — **Papiraralie**
Sv — **Rispapperträd**

| 7-11 | 1-2,5 m | Sul da China Formosa | Araliaceae | 0-400 m |

Arbusto	Arbrisseau	Shrub	Strauch	Busk	Buske	*377*
5-7	0,5-1 m	Madeira	Lamiaceae		200-800 m	

P — **Abrotôna Amarela**
F — **Germandrée de Madère**
E — **Madeira Betony**
D — **Madeira-Gamander**
Da — **Kortlæbe**
Sv — **Gamander**

Teucrium abutiloides L'Hérit.
Syn.: *T. umbrosum* Buch

Teucrium betonicum L'Hérit.
Syn.: *T. canescens* Forst.
T. maderense Lam.

P — Erva Branca, Abrotôna
F — Germandrée fausse bétoine
E — Betony, Madeira Germander
D — Graufilziger Gamander
Da — Madeira-Kortlæbe
Sv — Madeiragamander

| 6-8 | 0,5-1 m | Madeira | Lamiaceae | 0-900 m |

378 Arbusto   Arbrisseau   Shrub   Strauch   Busk   Buske

Thunbergia gregorii S. Moore
Syn.: *T. gibsonii* S. Moore

P — **Tumbérgia**
F — **Thunbergie, Thunbergia**
E — **Thunbergia**
D — **Thunbergie**
Da — **Thunbergia**
Sv — **Thunbergia**

| 4-7 | 2-5 m | África Tropical | Acanthaceae | 0-400 m |

Trepadeira　　Pl. Grimpante　　Climber　　Kletterpflanze　　Klatreplante　　Klängväxt　　379

380	Pequeno Arbusto rastejante	Petit arbrisseau rampant	Low creeping shrub	Niedriger kriechender Strauch	Lille krybende busk	Litet buske
	6-9	5-10 cm	Madeira, Açores, Espanha	Lamiaceae		1000-1800 m

P — Alecrim da Serra
F — Thym de montagne, Serpolet à feuilles étroites
E — Mountain Thyme
D — Thymian, Quendel
Da — Madeira-Timian
Sv — Glanstimjan

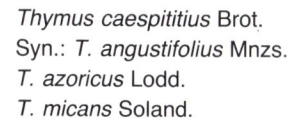

Thymus caespititius Brot.
Syn.: *T. angustifolius* Mnzs.
T. azoricus Lodd.
T. micans Soland.

Tibouchina urvilleana (DC.) Cogn.
Syn.: *Tibouchina semidecandra* hort. non (Schrank et Mart.) Cogn.

P — Aranhas
F — Tibouchine du Brésil
E — Brazilian Spyder Flower, Princess Flower
D — Grossblumige Tibouchine
Sv — Tibouchina

1-12	1-3 m	Brasil	Melastomataceae	200-700 m
Arbusto	Arbrisseau	Shrub	Strauch	Busk	Buske

Tipuana tipu (Benth.) O. Kuntze
Syn.: *T. speciosa* Benth.

P — Acácia Draco, Tipuana
F — Orgueil de Bolivie
E — Pride of Bolivia, Rosewood
D — Stolz von Bolivien
Da — Falsk Ahorn
Sv — Tipuana

6-8	4-9 m	América do Sul	Fabaceae	0-350 m
Árvore	Arbre	Tree	Baum	Træ	Träd

Erva	Herbe	Herb	Kraut	Urt	Ört	*383*
7-8	20-50 cm	Madeira	Asteraceae	600-1700 m		

P — **Leituga**
F — **Tolpide de Madère**
E — **Madeira Hawkweed**
D — **Christusauge**

Tolpis macrorhiza (Lowe) Lowe

384 Erva	Herbe	Herb	Kraut	Urt	Ört
4-9	20-50 cm	Açores, Madeira	Asteraceae		0-400 m

P — Visco
F — Tolpide, Crépide de Madère, Oeil de Christ à grandes fleurs
E — Hawkweed
D — Christusauge
Sv — Kamfibbla

Tolpis succulenta (Dryand. in Ait.) Lowe
Syn.: *T. fruticosa* Schrank
T. pectinata (Lowe) DC.
Crepis pectinata Lowe

Trachelium caeruleum L.

P — Traquélio
F — Trachélie bleue, Herbe aux trachées
E — Throatwort
D — Halskraut, Trachelium
Da — Halsurt
Sv — Halsört

4-8	30-90 cm	Mediterrâneo	Campanulaceae	0-500 m
Erva	Herbe	Herb	Kraut	Urt	Ört

385

Trachelospermum jasminoides (Lindl.) Lem.
Syn.: *Rhynchospermum* j. Lindl.

P — Jasmim de Estrela
F — Jasmin étoilé
E — Star Jasmine, Chinese Ivy
D — Sternjasmin
Da — Stjerne-Jasmin
Sv — Stjärnjasmin

5	3-10 m	China, Coreia, Japão	Apocynaceae	0-300 m

| Trepadeira | Pl. Grimpante | Climber | Kletterpflanze | Klatreplante | Klängväxt |

387

| 7-8 | 40-70 cm | África do Sul | Iridaceae | 200-750 m |

P — **Hastes de S. Lourenço, Mombrécias**
F — **Montbrétia, Crocosmie**
E — **Montbretia**
D — **Montbretie**
Da — **Montbretie**
Sv — **Montbretia, Höstlilja**

Tritonia × crocosmiiflora (Lemoine) Nichols.
Syn.: *Crocosmia × crocosmiiflora* (Lemoine) N. E. Br. *(C. aurea × C. pottsii)*
Montbretia crocosmiiflora Lemoine

Tropaeolum majus L.

- P — Chagas, Mastruço do Perú
- F — Capucines, Cresson du Mexique, Cresson du Pérou, Grande capucine
- E — Nasturtium, Garden Nasturtium
- D — Grosse Kapuzinerkresse
- Da — Blomsterkarse
- Sv — Indiankrasse

| 2-9 | 1-3 m | América do Sul | Tropaeolaceae | 0-300 m |

| 388 | Erva | Herbe | Herb | Kraut | Urt | Ört |

Ulex europaeus L.

P — Carqueja, Tojo, Tojo Arnal
F — Ajonc, Ajonc d'Europe, Genêt épineux, Jonc marin
E — Gorse, Furze, Whin
D — Stechginster, Heckensame
Da — Tornblad
Sv — Ärttörne

1-9	0,5-1,5 m	Europa Ocidental	Fabaceae	200-1400 m
Arbusto	Arbrisseau	Shrub	Strauch	Busk	Buske

389

Vaccinium padifolium
J.E. Sm. ex Rees
Syn.: *V. maderense* Link

P — Uveira da Serra
F — Myrtille de Madère, Airelle de Madère
E — Madeira Bilberry, Madeira Blueberry
D — Madeira-Heidelbeere
Da — Madeira-Blåbær
Sv — Madeirablåbär

| 6-7 | 0,3-2 m | Madeira | Ericaceae | 600-1700 m |

| 390 | Arbusto | Arbrisseau | Shrub | Strauch | Busk | Buske |

Verbena bonariensis L.

P — Jarvão, Urgebão
F — Verveine de Buenos Ayres
E — South American Vervain
D — Südamerikanisches Eisenkraut
Da — Kæmpe-Jernurt
Sv — Jätteverbena

5-7	0,7-1,5 m	América do Sul	Verbenaceae	0-200 m
Erva	Herbe	Herb	Kraut	Urt	Ört

Verbena rigida K. Spreng.
Syn.: *V. venosa* Gill. & Hook.

P — **Verbena Rija**
F — **Verveine**
E — **Large-Veined Vervain**
D — **Steifes Eisenkraut, Aderige Verbena**
Da — **Jernurt**
Sv — **Ådrig Verbena**

	4-9	20-50 cm	América do Sul	Verbenaceae	0-400 m	
	Erva	Herbe	Herb	Kraut	Urt	Ört

Viburnum opulus L. 'Roseum'
Syn.: *V. o.* var. sterile DC.

- P — Viburno, Noveleiro
- F — Viorne, Boule de neige
- E — Snowball Tree, Guelder Rose
- D — Gemeiner Schneeball
- Da — Snebolletræ
- Sv — Snöbollsbuske

5-6	1-2 m	(Cultivar)	Caprifoliaceae	400-1000 m
Arbusto	Arbrisseau	Shrub	Strauch	Busk	Buske

394

| 4-7 | 5-20 cm | Madeira | Violaceae | 1600-1800 m |

P — Violeta da Madeira
F — Violette de Madère
E — Madeira Violet, Madeira Mountain Pansy
D — Madeira-Veilchen
Da — Madeira-Viol
Sv — Madeiraviol

Viola paradoxa Lowe

Árvore	Arbre	Tree	Baum	Trae	Träd	*395*
10-3	3-10 m	Madeira, Canárias		Theaceae	0-500 m	

Visnea mocanera L.f.

- P — Mocano
- F — Mocanère
- E — Mocan
- D — Mocanbaum
- Sv — Mocanträd

Wahlenbergia lobelioides (L.f.) A. DC.
ssp. *lobelioides*
Syn.: *W. nutabunda* A. DC.
W. pendula Schrad.

P — Sininhos
F — Campanule lobeliée
E — Hare Bell, Bell-Flower
D — Nickende Klingelblume

	Erva	Herbe	Herb	Kraut	Urt	Ört
396	4-6	20-50 cm	Madeira, Canárias Cabo Verde	Campanulaceae	100-500 m	

Washingtonia filifera (L. Linden) H. Wendl.
Syn.: *Pritchardia filifera* L. Linden

P — **Washingtónia**
F — **Washingtonia filamenteuse**
E — **Fountain Palm, Mexican Fan Palm, Thread Palm**
D — **Washington-Palme, Washingtonie**
Da — **Trådpalme**
Sv — **Washington Palm**

7-8	10-20 m	México	Arecaceae	0-200 m
Árvore	Arbre	Tree	Baum	Træ	Träd

398

| 6-8 | 0,7-1 m | África do Sul | Iridaceae | 200-700 m |

P — Hastes de S. José
F — Lis du Cap
E — Bugle Lily, St. John's Staff
D — Watsonie
Sv — Watsonia

Watsonia ardernei Stearn

Weigela florida (Bunge) A. DC.
Syn.: *W. rosea* Lindl.

P — **Veigela, Pessegueiro de Jardim**
F — **Weigelia**
E — **Weigelia**
D — **Weigelie**
Da — **Klokkebusk**
Sv — **Rosenprakttry**

4-6	1-2 m	Coreia, Norte da China	Caprifoliaceae	300-800 m
Arbusto	Arbrisseau	Shrub	Strauch	Busk	Buske

399

Wigandia caracasana H.B.K.

P — Vigândia
F — Wigandia
E — Caracas Big-Leaf
D — Wigandie
Da — Wigandie
Sv — Wigandia

| 1-5 | 2-5 m | Sul do México até Colombia e Venezuela | Hydrophyllaceae | 0-400 m |

| 400 | Arbusto | Arbrisseau | Shrub | Strauch | Busk | Buske |

Wisteria sinensis (Sims) Sweet
Syn.: *Glycine sinensis* Sims

P — Glicínia, Lilases, Cachos Roxos
F — Glycine de Chine, Wistérie
E — Wistaria
D — Chinesische Wistarie, Glyzine
Da — Blåregn
Sv — Blåregn

| 4 | 5-10 m | China | Fabaceae | 0-400 m |

Trepadeira   Pl. Grimpante   Climber   Kletterpflanze   Klatreplante   Klängväxt   *401*

Yucca gloriosa L.

P — Iúca
F — Yucca
E — Adam's Needle, Spanish Dagger
D — Palmlilie, Pracht-Yucca
Da — Palmelilje
Sv — Palmlilja

| 7-9 | 1-2 m | América do Norte | Agavaceae | 0-400 m |

Ageratina adenophora
(K. Spreng.) King & Robinson
Syn.:
Eupatorium adenophorum K. Spreng.
E. glandulosum H.B.K.

P — **Abundância**
F — **Eupatoire blanc(he)**
E — **White Eupatorium**
D — **Drüsen-Wasserdost**
Da — **Mexikansk Hjortetrøst**
Sv — **Körtelflockel**

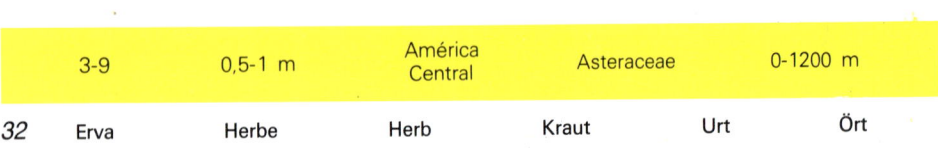

3-9	0,5-1 m	América Central	Asteraceae	0-1200 m
Erva	Herbe	Herb	Kraut	Urt	Ört

Agave attenuata Salm-Dyck

P — Piteira, Agave Pescoço-de-Cisne
F — Faux Aloès, Aloès cou-de-cygne
E — The Maguey Plant, Dragon-Tree Agave, Swan's Neck Agave
D — Drachenbaum-Agave, Schwanenhals-Agave
Sv — Snabelagave

| 12-2 | 1-2,5 m | México | Agavaceae | 0-500 m |

BIBLIOGRAFIA

Beyron, Ulla: Blommor i soliga länder. Hälsingborg, 1979.

Bramwell, David & Zoë: Flores Silvestres de las Islas Canarias. Cabildo Insular de Gran Canaria in associación con Stanley Thornes (Publishers) Ltd., Cheltenham, England, 1974.

Grabham, Michael: Plants seen in Madeira. London, 1934.

Graf, A. B.: Exotica 3, Pictorial Cyclopedia.
Roehrs Co., Rutherford, N. J., U.S.A., 1970.

Graf, A. B.: Tropica — Color Cyclopedia of Exotic Plants and Trees from the Tropics and Subtropics.
Roehrs Co., Rutherford, N. J., U.S.A., 1978.

Grandjot, Werner: Schroeder — Reiseführer durch das Pflanzenreich der Mittelmeerländer.
Kurt Schroeder, Bonn, 1965.

Hansen, Alfred: Checklist of Vascular Plants of the Archipelago of Madeira (Boletim do Museu Municipal do Funchal N.º XXIV). Funchal, 1969.

Hansen, A. & Sunding, P.: Flora of Macaronesia. Checklist of vascular plants. 3. revised edition. Sommerfeltia 1: 1-167, 1985. Oslo.

Hargreaves, Dorothy & Bob: Tropical Trees found in the Caribean, South America, Central America, México.
Hargreaves Industrial, Portland, Oregon, U.S.A. 1965.

Hellyer, A. G. L.: The Encyclopaedia of Plant Portraits.
W. H. and L. Collingridge Ltd., London, 1963.

Hylander, Nils: Våra kulturväxters namn på svenska och latin. Stockholm, 1977.

Hylander, Tore: Blommor och Träd vid Medelhavet.
Interbook Publishing AB, Stockholm, 1975.

Lange, Johan: Plantenavne. Copenhagen, 1949.

Lindman, C.A.M.: Nordens Flora. Stockholm, 1922.

Menezes, Carlos Azevedo de: Flora do Arquipélago da Madeira. Funchal, 1914.

Menninger, Edwin A.: Flowering Vines of the World.
Hearthside Press Inc., New York, 1970.

Menninger, Edwin A.: Flowering Trees of the World.
Hearthside Press Inc., New York, 1962.

Menninger, Edwin A.: Color in the Sky.
Horticultural Books Inc., Stuart, Florida, U.S.A., 1975.

Moeller, Hubert: What's Blooming Where on Tenerife?
Bambi, Puerto de la Cruz. Islas Canarias, España, 1968.

Morley, Brian D.: Wild Flowers of the World.
Ebury Press and Michael Joseph, London, 1970.

Novak, F.A.: The Pictorial Encyclopedia of Plants and Flowers.
Paul Hamlyn, London, 1966.

Palhinha, Ruy Telles: Catálogo das Plantas Vasculares dos Açores.
Sociedade de Estudos Açorianos Afonso Chaves. Lisboa, 1966.

Perry, Frances: Flowers of the World. Paul Hamlyn, London, 1973.

Polunin, O. et A. Huxley: Fleurs du Bassin Mediterranéen,
Fernand Nathan, Paris, 1967.

Polunin, Oleg: Flowers of Europe.
Oxford University Press, London, 1969.

Reisigl, Dr. Herbert: Blumen — Paradiese der Welt.
Umschau Verlag, Frankfurt am Rhein, 1964.

Rostrup, E.: Den Danske Flora. 20. Edit. Copenhagen, 1973.

Roy Hay and Patrick M. Synge: The Dictionary of Garden Plants.
Ebury Press and Michael Joseph, London, 1970.

Schaeffer, Hans-Helmut. Pflanzen der Kanarischen Inseln.
Kanarenverlag, Ratzeburg, West Germany, 1967.

Tout Votre Jardin — Encyclopédie Pratique.
Tallandier, Paris, 1966-1972.

Vieira, Rui: Album Florístico da Madeira. Funchal, 1974.

van Wijk, H.L. Gerth: A Dictionary of Plant Names.
A. Asher & Co. N.V., Vaals, Holland, 1971.

Zander-Encke-Buchheim: Handwörterbuch der
Pflanzennamen. Eugen Ulmer, Stuttgart, 1972.

Classificação das plantas apresentadas, por Famílias
Classification, par Familles, des plantes présentées
Classification of the plantes presented, by Families
Gruppierung der vorgestellten Pflanzen nach Familien
Indelning av de presenterade plantaorna Familjevis

Acanthaceae	23, 379	Bignoniaceae	120, 144, 215, 220, 240, 272, 273, 283, 297, 309, 366, 373, 374
Adiantaceae	24		
Agavaceae	30, 31, 145, 178, 261, 402		
Aizoaceae	36, 55, 97, 146, 223, 245, 246	Bombacaceae	111
		Boraginaceae	148, 149
Amaryllidaceae	85, 118, 119, 143, 258	Brassicaceae	56, 126, 156, 213, 241, 353, 354, 355
Anacardiaceae	238, 314, 332	Cactaceae	266
Annonaceae	48	Caesalpiniaceae	104, 105, 333, 345, 346, 347, 348, 349
Apiaceae	86, 129, 176, 208, 243, 248, 264		
		Campanulaceae	253, 254, 385, 396
Apocynaceae	39, 259, 296, 386	Cannaceae	91
Aquifoliaceae	207	Caprifoliaceae	13, 234, 327, 328, 393, 399
Araceae	50, 51, 121, 249, 403		
		Caricaceae	95
Araliaceae	331, 376	Casuarinaceae	99
Araucariaceae	29, 57, 58	Celastraceae	242
Arecaceae	59, 61, 81, 200, 284, 397	Chenopodiaceae	73, 369
		Clethraceae	116
Asclepiadaceae	68, 69	Combretaceae	310
Aspidiaceae	300	Commelinaceae	139
Aspleniaceae	71, 72, 106	Convolvulaceae	122, 209, 210, 211, 212
Asteraceae	32, 33, 45, 46, 47, 60, 63, 64, 66, 94, 96, 112, 114, 133, 153, 155, 179, 192, 193, 194, 195, 229, 250, 279, 335, 342, 343, 344, 360, 361, 362, 383, 384		
		Crassulaceae	25, 26, 27, 34, 35, 127, 128, 316, 337, 338, 339, 340
		Cucurbitaceae	336
		Cupressaceae	103, 219
		Cyatheaceae	367
		Cyperaceae	134
		Dioscoraceae	372
Basellaceae	49	Ericaceae	150, 151, 152, 313, 390
Begoniaceae	75		
Berberidaceae	76		

407

Euphorbiaceae	22, 82, 166, 167, 168, 169, 170, 315	Orchidaceae	100, 132, 137, 182, 187, 257, 267, 274, 356
Fabaceae	52, 74, 117, 124, 136, 141, 157, 158, 159, 160, 181, 235, 363, 375, 382, 389, 401	Oxalidaceae	269, 270
		Pandanaceae	271
		Papaveraceae	62, 162
		Passifloraceae	275, 276, 277
Fagaceae	98	Phytolaccaceae	286, 287
Geraniaceae	183, 184	Pinaceae	102, 289, 305
Globulariaceae	185	Pittosporaceae	203, 290
Hydrangeaceae	202	Plantaginaceae	291, 292
Hydrophyllaceae	400	Platanaceae	293
Hypericaceae	205	Plumbaginaceae	65, 233, 295
Iridaceae	109, 387, 398	Poaceae	67, 125, 204, 278, 320
Juglandaceae	218		
Juncaceae	236	Polemoniaceae	92
Lamiaceae	87, 101, 206, 225, 226, 247, 323, 324, 325, 351, 377, 378, 380	Polygonaceae	53, 77, 298, 299, 318
		Polypodiaceae	294
		Proteaceae	188, 189, 302
Lauraceae	54, 113, 224, 262, 280, 281	Ranunculaceae	311
		Rhamnaceae	177, 312
Liliaceae	28, 40, 41, 42, 43, 70, 221, 232, 268, 329, 334, 341	Rosaceae	108, 154, 239, 303, 304, 308, 317, 364
		Rubiaceae	123, 180, 285
Lycopodiaceae	140, 201	Rutaceae	90, 110, 115
Lythraceae	222	Salicaceae	301, 321, 322
Magnoliaceae	237	Sapindaceae	93
Malvaceae	14, 15, 196, 197, 198	Sapotaceae	352
		Saxifragaceae	161, 330
Melastomataceae	381	Scrophulariaceae	214, 263, 319, 350
Meliaceae	244	Solanaceae	83, 84, 135, 138, 260, 357, 358, 359
Mimosaceae	16, 17, 18, 19, 20, 21, 37, 38, 228, 326		
		Sterculiaceae	79, 80, 142
		Tamaricaceae	371
Moraceae	172, 173, 174, 175	Taxodiaceae	130, 131
Musaceae	251, 252, 368	Theaceae	395
Myoporaceae	255	Thymelaeaceae	186
Myricaceae	256	Tiliaceae	365
Myrsinaceae	190	Tropaeolaceae	388
Myrtaceae	88, 89, 163, 164, 165, 171, 227, 306, 307, 370	Valerianaceae	103
		Verbenaceae	147, 199, 282, 391, 392
Nyctaginaceae	78	Violaceae	394
Oleaceae	216, 217, 230, 231, 265, 288	Zingiberaceae	44, 191

ÍNDICE DAS GRAVURAS TABLE DES ILLUSTRATIONS
INDEX OF PICTURES BILDER — VERZEICHNIS
BILLEDREGISTER BILDREGISTER

A

Abacateira 280
Abécédaire 30
Abelia
 grandiflora 13
Abetrappe 74
Abrotôna 377, 378
Abundância 32
Abundância, Falsa 33
Abutilão 14, 15
Abutilon
 grandifolium 14
 x *hybridum* 15
 molle 14
Acacia
 baileyana 16
 dealbata 17
 glauca 228
 longifolia 18
 lophantha 37
 mearnsii 19
 melanoxylon 20
 mollissima 19
 verticillata 21
Acacia
 bernier 17
 Blackwood 20
 blanchâtre 17
 à bois noir 20
 à fleurs en touffes 37
 Mock 228
 Persian 38
Acácia 21, 37
 Austrália 20
 Baileiana 16
 Dealbata 17
 Draco 382
 de Espigas 18
 do Japão 363
Acajou de Madère 281
Acalypha wilkesiana 22
Acanthus mollis 23
Aceras densiflora 257
Acetosa
 maderensis 318

Acrostichum
 aureum 106
Açucena 232
Açucenas da Serra 85
Adam's Needle 402
Aderno 190
Adiantum reniforme 24
Adventsstern 170
Aeonium arboreum 25
 A. glandulosum 26
 A. glutinosum 27
Ædelcypres 107
Ægte Kastanie 98
Äonium, Baum- 25
 Ä., Drusen- 26
 Ä., Kleb- 27
Agapanthus
 orientalis 28
 praecox 28
Agathis brownii 29
Agathis robusta 29
Agave
 americana 30
 attenuata 31
 foetida 178
Agave 30, 31, 143, 178
Ageratina
 adenophora 32
 riparia 33
Agrião da Rocha 57
Agrimony, Hemp 33
Ahorn, Falsk 382
Aichryson
 divaricatum 34
 villosum 35
Aipo de Gado 243
Aizoon canariense 36
Ajonc 389
Akacia, Akacie 16, 17,
 18, 19, 20, 21, 37
Akanthus, Akantus 23
Akazie 16, 17, 18,
 19, 20, 21
Alamanda 39
Albizia
 distachya 37

Albizia
 julibrissin 38
 lophantha 37
Albízia, Falsa 326
Alecrim da Serra 380
Alecrim da Virgem 155
Alegra-Campo 341
Alfarrobeira 104
Alfazema 225
Alfena 230, 231
Alfeneiro 230, 231
Alfinetes 103
Alindres 167
Allamanda
 cathartica 39
Aloe 30, 40, 41, 42, 43
Aloë
 arborescens 40
 barbadensis 41
 ciliaris 42
 plicatilis 43
 vera 41
 vulgaris 41
Aloendro 259
Aloès 40, 41, 42, 43
Aloès, Faux 31, 221
Alpenrose 313
Alpinia
 nutans 44
 speciosa 44
 zerumbet 44
Alpros 313
Alsophila cooperi 367
Althaea, Shrubby 198
Amargoseira 244
Amaryllis
 belladonna 85
Ameixieira
 de Espinho 76
Amor Agarradinho 53
Ampfer, Madeira- 318
Ananas-Guayave 171
Andríala 45, 46, 47
Andropogon hirtus 204

409

Andryala
  cheiranthifolia 47
  crithmifolia 45
  glandulosa
    ssp. *glandulosa* 46
    ssp. *varia* 47
  varia 47
Anemonenäva 184
Angel's Trumpet 83, 138
Anis doux 176
Annona cherimola 48
Annonier, Anoneira 48
Anredera cordifolia 49
Antholyza
  aethiopica 109
Anthurium
  andreanum 50
  x *cultorum* 50
  scherzerianum 51
Anthylle, Anthyllide 52
Anthyllis
  lemanniana 52
Antigonon leptopus 53
Antilídea da Madeira 52
Antoliza 109
Antúrio 50, 51
Apelsinträd 115
Apfelsine 115
Apollonias
  barbujana 54
  canariensis 54
Apple, Rose 370
Aptenia cordifolia 55
Arabette du Caucase 56
Arabis albida 56
A. caucasica 56
Araca, Araçá 307
Aralia papyrifera 376
Aranhas 381
Araucaria
  bidwillii 57
  excelsa 58
  heterophylla 58
Arbre
  à chapelets 244
  de corail 160
  de Judée 105
  à melons 95
  à muguet 116
  ombrelle 331
  à la pluie 326
  à saucisses 220
  à soie 111
  de soie 38
  à sumac 314

410

Archontophoenix
  cunninghamiana 59
Arctotide 60
Arctotis grandis 60
A. stoechadifolia 60
Ardisia excelsa 190
A. bahamensis 190
Arecastrum
  romanzoffianum 61
Argemone mexicana 62
A. ochroleuca 62
Argyranthemum
  haematomma 63
  pinnatifidum
    ssp. *succulentum* 64
Armeria maderensis 65
A. maritima
  ssp. *maderensis* 65
Armoise de Madère 66
Arnica tussilaginea 229
Aroma Branco 228
Arroche 73
Arroz da Rocha 337, 339
Arrozinho 146
Artemisia argentea 66
Artichaut épineux 133
Artichoke-Flower,
  Cape 302
Arum esculentum 121
Arum d'Éthiopie 403
Arum, Grand 121
Arum Lily 403
Arundo donax 67
Árvore
  da Borracha 174
  do Fogo 79, 80
  de Judas 105
  das Salsichas 220
  de S. Tomé 74
  da Seda 38
Asclépiade 68, 69
Asclepias curassavica 68
A. fruticosa 69
Ash,
  Madeira Mountain 364
Asparagus lowei 70
A. scaber 70
A. umbellatus
  ssp. *lowei* 70
Asperge à ombelles 70
Aspidium
  falcinellum 300
Asplenium marinum 71
A. monanthes 72
Astrapaea wallichii 142
Atriplex halimus 73

Augentrost, Madeira- 263
Aurora 142
Ave do Paraíso 368
Avenca, Falsa 72
Avenca do Mar 71
Avocado 280
Avocadopære 280
Avocatier, Avocato 280
Avokado 280
Azedarach 244
Azedas 269, 270, 318
Azereiro 304
Azorlagerträd 224
Ädelcypress 107
Älghornsbräken 294
Änglabasun 138
Änglatrumpet 83, 138
Ärttorne 389

B

Babosas 40, 41
Bajonetplante 329
Bakkestjerne 153
Balisier 44, 91
Ballongvin 93
Ballonpflanze 93
Ballonrebe 93
Ballonvin 93
Balloon Vine 93
Balsam von Gilead 101
Bálsamo 97, 123
Banan (a) (e) 251, 252
Bananeira
  Anã 251
  de Flor 91
  de Prata 252
Bananier 251, 252
Bånd-Pil 322
Barberry, Madeira 76
Barbon 204
Barbusano 54
Bärenohr 60
Bärlapp 140, 201
Barrilha 245, 246, 369
Bartgras, Haariges 204
Bartsaturei 247
Basellapotatis 49
Baselle tubéreuse 49
Bast Tree, Cuban 196
Batat 210
Batata, B. Doce 210
Batate, (-Prunkwinde) 210
Bauhinia variegata 74
Baum-Farn. Coopers 367

Baum-Scheineller 116
Baumheide 150
Baummargerite 250
Baumstechapfel 83
Baumtomate 135
Baumwachholder,
 Madeira- 219
Bay, Bull 237
Bay, Cherry 303
Bay Laurel 303
Bay, Rose 259
Bay Tree 224
Bazillkraut 129
Bead Tree 244
Bean, Hyacinth 141
Bean, Black-
 seeded Kidney 141
Bear's Ear 60
Beard Grass 204
Beard, Jupiter's 103
Beaucarnea recurvata 261
Beautiful Shade 287
Bebereira 173
Bedstraw, Madeira 180
Beefwood 99, 190
Begonia minor 75
Begonia nitida 75
Begónia
 Sempre-em-Flor 75
Beifuss, Madeira- 66
Beilkraut 124
Bela Sombra 287
Belas Donas 85
Bell-Flower 396
Bell, Hare 396
Bell-Heather,
 Madeira 151
Belladonna,
 Cape, Kape- 85
Belladonna-Lilje 85
Belladonna Lily 85
Belladonnenlilie 85
Belle-feuille 285
Bellflower, Chinese 15
Bells, Yellow 373
Belombra 287
Belsombra 287
*Bencomia
 maderensis* 239
Benjaminfikus 172
Berberis lycioides 76
B. maderensis 76
Berberitze, Madeira- 76
Bergste
 Madeirabergste 351
Berry, Pigeon 147

Berufskraut 153
Beschreikraut 153
Besenginster 137
Besenheide 152
Besenkleestrauch 136
Bethlehem, Star of 268
Betony 377, 378
Betouro 150
Big-Leaf, Caracas 400
Bignone 272, 273
Bignone, Fausse 373
*Bignonia
 australis* 273
 buccinatoria 283
 callistegioides 120
 capensis 374
 pandorana 273
 unguis-cati 144
 venusta 309
Bignonia gracieux 309
Bignónia 272, 273, 309
B. Unha-de-Gato 144
Bignonie
 Feuer- 309
 Kap- 374
 Posaunen- 283
 Weitschlundige 297
Bilberry, Madeira 390
*Bilderdykia
 aubertii* 77
Bill, Parrot's 117
Binka
 Mexicobinka 153
Bindweed, Madeira 122
Bird of Paradise 368
Birkefigen 172
Bittersweet,
 Shrubby 242
Bjørnøre 60
Björnbär
 Madeiranbjörnbär 317
Björnkloört 23
Björnöra 60
Blåbær, Madeira- 390
Black Parsley 243
Blackwood,
 Australian 20
Blackwood Acacia 20
Blåpalme 81
Blattblume 82
Blaugummibaum 164
Blaupalme,
 Mexikanische 81
Blaustern, Madeira- 334
Bleibaum 228

Bleiwurz, Kap- 295
Blite
 Shrubby Sea Blite 369
Blodtopp
 Madeirablodtopp 239
Blodtrompet 283
Blomman för Dagen 212
Blomsterkarse 388
Blood-Trumpet,
 Mexican 283
Blomsterlönn 15
Blue Dawnflower 209
Blue Gum Tree 164
Blue Palm, Mexican 81
Blueberry Tree,
 Australian 255
Bluebird-Vine 282
Blumenrohr,
 Indisches 91
Blütenbombenbaum 142
Blyblomma 295
Blyrod, Kap- 295
Blå Hibiskus 199
Blåbær, Madeira- 390
Blåbär
 Madeirablåbär 390
Blåeld, Madeiras 149
Blåingefära 139
Blåpalm (e) 81
Blåregn 401
Blårisp 233
Blåtobak 260
Bocárnea 261
Bocas de Jarro 403
Bofe de Burro 46
Bogenblume 117
Bogenhanf 329
Boinas 229
Bois caca 123
Bois de fer 352
Bois de Pissenlit 373
Bois plié 84
Bois Sophie 228
Bois de tabac 358
Boliviabuske 92
Bomullstistel 179
Borracheira 174
Bottlebrush,
 Stiff 88
 Weeping 89
*Bougainvillea
 (Hybrids)* 78
Boule de neige 393
Bourgène
 toujours vert 312

411

Boussingaultia
  baselloides 49
  cordifolia 49
Bouton d'or
  des Bermudes 269
Bower of Beauty 272
Bower Plant 272
Brachychiton
  acerifolium 79
  (Hybrid) 80
Brahea armata 81
Braheapalme 81
Brakved, Storbladig 177
Bramble, Giant 317
Branc(he)- Ursine 23
Brandbæger,
  Kæmpe 343
  Kap 344
  Madeira- 279
Brande 152
Brassaia
  actinophylla 330
Bread Fruit, Mexican 249
Bread, St. John's 104
Breakstone,
  Madeira 330
Breech, Bear's 23
Bregne,
  Hjortetak 294
  Træ- 367
  Venusbregne 24
  + +71, 72, 106, 300
Breynia disticha 82
Breynia nivosa 82
Brombær 317
Brombeere 317
Broom,
  Climbing Butcher's 341
  Common 136
  Soft 181
Brugmansia
  versicolor 83
Brunfelsia pauciflora 84
Brunsvigia rosea 85
Bruyère
  à balais 152
  arborescente 150
  en arbre 150
  cendrée de Madère 151
Bryony, Edible 372
Bräcka
  Madeirabräcka 330
Bräken
  Bergbräken 72
  Havsbräken 71

Bräken
  Liebräken 300
  Mjältbräken 106
  Älghornsbräken 294
  + +24, 367
Buckthorn,
  Large-Leaved 177
Buganvilea 78
Bugle Lily 398
Buis, Faux- 108
Buisson ardent 308
Bull Bay 237
Bunya-Bunya-Baum 57
Bunya Pine 57
Bupleurum
  salicifolium 86
Buplèvre
  à feuilles de saule 86
Bush, Misty Plume 206
  Needle 189
  Popcorn 347
  Silver 52
Buskmjölktistel 360
Buskopuntia 266
Busksidenört 69
Busktoppa 263
Butcher's Broom,
  Climbing 341
Buttercup 311
B., Bermuda 269
Buxbom
  Madeirabuxbom 108
Buxo da Rocha 108, 242
Bynke, Madeira- 66
Bystropogon
  maderensis 87
  piperitus 87
Bärmyrten 165

C

Cabreira 284
Cachos Roxos 401
Cade de Madère 219
Caffre Bean Tree 333
Caille-lait 180
Caiota 336
Calla aethiopica 403
Calla Lily 403
Callianassa
  sceptrum 214
Callistème dressé 88
C. à feuilles
  de saule 89

Callistemon
  rigidus 88
  viminalis 89
Calodendron
  capense 90
Camecípares 107
Camarões 325, 374
Camel's Foot Tree 74
Campainhas
  15, 209, 212
C. Amarelas 211
Campanula aurea 253
Campanule
  lobeliée 396
  de Madère 253
Camphor Tree 113
Camphrier 113
Cana 67
  de Açúcar 320
  da Índia 91
  de Roca 67
  Sacarina 320
  Vieira 67
Canary Creeper 344
Candelabra Tree 166
Candleberry Tree
  Azorean 256
Caneficier bâtard 345
Canforeira 113
Cane, Sugar 320
Canna (Hybrids) 91
Canne d'Inde 91
Canne de Provence 67
Canne à sucre 320
Cantua buxifolia 92
Caoutchouc 174
Capillaire, Faux 72
C. réniforme 24
Capim dos Pampas 125
Capucines 388
Caracas Big Leaf 400
Caractère
  des hommes 74
Cardeais 197
Cardeal Roxo 198
Cardiospermum
  grandiflorum 93
Cardo 94, 133, 179, 335
Cardo Branco 96
Cardon 133
Cardoon, Prickly 133
Carduus squarrosus 94
Carica papaya 95
Carique 173
Carlina salicifolia 96

Carob, Caroubier 104
Carpobrotus edulis 97
Carqueja 389
Carrapateira 315
Carrot, Deserta 248
Carrot Tree 248
Cassia
  bicapsularis 345
  corymbosa 346
  didymobotrya 347
  indecora 349
  multijuga 348
Cassia blanc(he) 228
Castanea sativa 98
Castanea vesca 98
Castanheiro 98
C. do Cabo 90
Castor Oil Plant 315
Casuarina
  cunninghamiana 99
Cat's Claw Vine 144
Cateleia 100
Catha dryandri 242
Catimbium
  speciosum 44
Cattleya (Hybrid) 100
Cedar, Deodar 102
  Himalayan 102
  Japanese 130, 131
  Madeira, Prickly 219
  Oregon 107
  White 107
Ceder, Himalaja- 102
  Himalayaceder 102
Cèdre de l'Himalaya 102
Cedro Deodara 102
Cedro do Himalaia 102
Cedro da Madeira 219
Cedronella
  canariensis 101
  triphylla 101
Cedrus deodara 102
Celastrus
  umbellatus 242
Cenoura da Rocha 248
Centranthus ruber 103
Century Plant 30
Cerasus
  laurocerasus 303
Ceratonia siliqua 104
Cercis siliquastrum 105
Ceriman 249
Cerisier de Cayenne 166
Ceterach
  aureum var. aureum 106

Ceterach
  officinarum
  var. *aureum* 106
Cevadilha
  ver Sevadilha 259
Chagas 388
Chama da Floresta 366
Chamaecyparis
  lawsoniana 107
Chamaemeles
  coriacea 108
Chanvre d'Afrique 329
Chapéus
  de Mandarim 200
Chardon 94
  laiteux 180
  à large feuilles 114
Charuteira 260
Charuto do Rei 260
Chasmanthe
  aethiopica 109
Châtaignier 98
Chayota edulis 336
Cheese Wood 290
Cheiranthus
  bicolor 157
  mutabilis 157
Chêne blanc
  d'Australie 189
Cherimoja, 48
Cherimolier 48
Cherimoya 48
Cherry Bay 303, 304
Cherry Laurel 303
Cherry, Brazil 166
Cherry, Surinam 166
Chestnut, Cape 90
Chestnut Tree,
  Sweet, Spanish 98
Chèvrefeuille
  géante 234
Chincherinchee 268
Chocho 336
Choisya ternata 110
Chorão 97, 223
C. Baguinho-de-Arroz 146
Chorisia speciosa 111
Chou-marin de Madère 126
Chouchoute 336
Choupo Branco 301
Christophine 336
Christusauge 383, 384
Chrysanthemum
  coronarium 112
  haematomma 63
  mandonianum 64

Chuchu 336
Cila da Madeira 334
Cimbídio 132
Cineraria aurita 279
C. petasitis 343
Cinnamomum
  camphora 113
Cipreste do Oregão 107
Cirse
  à larges feuilles 114
Cirsium latifolium 114
Citrus sinensis 115
Clavena squarrosa 94
Claw, Lobster 117
Clethra arborea 116
Clianthus puniceus 117
Clitostoma 120
Clivia miniata 118
Clivia nobilis 119
Club Moss 140, 201
Clytostoma
  callistegioides 120
Coalha Leite 180
Cock's Comb
Coral Tree 158
Cocos plumosa 61
C. romanzoffiana 61
Cocotier plumeux 61
Coeur des Indes 93
Colocasia
  esculenta 121
Colt's Foot 229
Connaubaril 84
Conteira 244
Conteiras 91
Convólvulos
  da Madeira 122
Convolvulus
  canariensis 122
  massonii 122
  rupestris 122
  saxatilis 122
  solanifolius 122
  suffruticosus 122
Copal de Manille 29
Copperleaf 22
Coprosma baueri 123
Coprosma repens 123
Coqueiro de Jardim 61
Coração
  de Estudante 359
Corações 75
Coral, Garden 316
Coral Plant 319
Coral Tree 158, 160
Coral Vine 53

Coraleira 158
Coralina
  da Abissínia 157
  Cafra 159
  Cristada 158
  Elegante 160
Corinde 93
Corn-Flag, African 109
Cornes de bélier 40
Coroas de Henrique 28
Coronilla glauca 124
C. valentina 124
Corossol du Pérou 48
Corriola dos Balões 93
C. de N.ª Senhora
  de Fátima 53
Cortaderia
  selloana 125
Costela de Adão 249
Cotton, Wild 69
Cotonnier, Faux- 69
Couve da Rocha 354, 355
Crambe fruticosa 126
Crape Myrtle 222
Crassula argentea 127
Crassula coccinea 316
Crassula multicava 128
Crassula portulacacea 127
Crassule Rouge 316
Crapaudine
  blanche 351
Cravo de Burro 241
Creeper,
  Canary 344
  Mexican 53
  Rangoon 310
Crépide de Madère 384
Crepis pectinata 384
Cress, Rock 56
Cresson du Mexique 388
Cresson du Pérou 388
Criptoméria 130, 131
Criste marine 129
Crithmum maritimum 129
Croscosmia
  x *crocosmiiflora* 387
Crowfoot 311
Crown Vetch 124
Cryophytum
  crystallinum 245
  nodiflorum 246
Cryptomeria
  japonica 130, 131
Cucumber Tree 200
Cupressus
  lawsoniana 107

Cups of Flame 162
Curly Palm 200
Custard Apple Tree 48
Cyathea cooperi 367
Cymbidium insigne 132
Cynara
  cardunculus 133
  horrida 133
Cyperus papyrus 134
Cyphomandra
  betacea 135
Cypres,
  Ædelcypres 107
  Japansk 130, 131
Cyprès
  du Japon 130, 131
  de Lawson 107
Cypress, Lawson 107
  Ädelcypress 107
Cypripedium
  insigne 274
Cytise de Madère 375
Cytisus candicans 375
C. maderensis 375
C. scoparius 136
C. tener 181
C. virgatus 181

D

Dactylorchis
  foliosa 137
Dactylorhiza
  foliosa 137
Dagger, Spanish, 402
Daisy,
  African 60
  Crown 112
  New Holland 153
Daisy Tree 250
Dattel-Palme,
  Kanarische 284
Datura candida 138
Datura mollis 83
Dawnflower 209, 212
Dedos de Senhora 283
Dentelaire du Cap 295
Déodar 102
Deux Jumelles 74
Dew-Drop, Golden 147
Dichorisandra
  thyrsiflora 139
Dickblatt 126, 127
Dicorisandra 139

Digitale de Madère 214
Digitalis sceptrum 214
Dioscorea
  canariensis 372
Diphasiastrum
  madeirense 140
Diphasium
  madeirense 140
Disandra prostrata 250
Distel
  Golddistel 335
  Milchdistel 179
  Sparriger 94
Distelmohn 62
Dogwood 312
Doiradinha
  106, 123, 311
Dolic d'Egypte 141
Dolichandrone
  platycalyx 240
Dolichos lablab 141
Dombeya wallichii 142
Doppelbeutel 139
Doppeldrilling 139
Doradille marine 71
Doryanthes
  palmeri 143
Douce-amère
  à grandes fleurs 359
Douglasfichte 305
Douglas Fir 305
Douglasgran 305
Douglasie 305
Douglastanne 305
Doxantha
  unguis-cati 144
Dracaena draco 145
Drachenbaum 145
Drachenkopf,
  Wohlriechender 101
Dracocephalum
  canariensis 101
Drageblodstræ 145
Drageoeiro 145
Dragon Tree 145
Dragonnier 145
Drakblodsträd 145
Drillingsblume 78
Dropwort,
  Madeira Water 264
Drosanthemum
  floribundum 146
Drottningpalm 61
Drüsenpflanze 255
Dunborstgräs 278
Dungræs 278

Duranta plumieri 147
Duranta repens 147
Dvärgbanan 251
Dyer's Weed 213
Dyer's Woad 213

E

Ear, Bear's 60
Ear, Elephant's 121
Ear, Lion's 226
Ebenholz, Berg- 74
Eberwurz,
   Weidenblättrige 96
Echium candicans 148
Echium nervosum 149
Edelklivie 119
Edelriemenblatt 119
Efeu, Kap- 342
Eibisch
   Hocheibish 196
   Roseneibisch 197, 198
   Syrischer Eibisch 198
Eisenholz 99, 352
Eisenkraut 391, 392
Eiskraut 245
Eldbignonia 309
Elder,
   European 328
   Madeira 327
   Yellow 373
Eldtorn 308
Elegantpalm 59
Elenshornfarn 294
Elephant's Ear 121
En(e) 219
Engelskgræs,
   Madeira- 65
Engelstrompete 83
Englebasun 138
Engletåre 53
Engletrompet 83
Ensaião 25, 26, 27
Ensaião Branco 127
Ensaiäu Felpudo 35
Ensaião Gigante 340
Ensaião da Madeira 34
Ensaião Vermelho 316
Enterolobium
   saman 326
Enxofre Vegetal 140
Épine jaune 335
Épine-Vinette
   de Madère 76

Erica
   arborea 150
   cinerea 151
   maderensis 151
   scoparia 152
Erigeron
   karwinskianus 153
   mucronatus 153
Eriobotrya japonica 154
Eriocephalus
   africanus 155
Erva
   Arroz 337, 338, 339
   Branca 351, 378
   de Coelho 279
   Gelada 245
   Gigante 23
   dos Pampas 125
   Pata 269
   Redonda 350
Erysimum bicolor 156
Erysimum mutabile 156
Erythea armata 81
Erythrina
   abyssinica 157
   caffra 159
   crista-galli 158
   lysistemon 159
   speciosa 160
Escallonia bifida 161
Eschscholzia
   californica 162
Espadanas, Espadas 329
Esparmânia 365
Esparto 70
Espatódea 366
Estatice 233
Estenolóbio 373
Estragon du Cap 155
Estrela Azul 282
Estrela 63
Estrelas do Cabo 379
Estreleiras 63
Estrelícia 368
Eternell
   Hägringseternell 192
   Silvereternell 195
   Stinketernell 193
   Viteternell 194
Étoile de Noël 170
Eucalyptus ficifolia 163
Eucalyptus globulus 164
Eufórbia Gigante 166
Eufórbia Marítima 168
Eugenia jambos 370
Eugenia michelii 165

Eugenia uniflora 165
Eukalyptus 163, 164
Eupatoire blanc(he) 32
Eupatoire du Mexique 33
Eupatorium
   adenophorum 32
   glandulosum 32
   riparium 33
Euphorbe 167
Euphorbe en arbre 166
Euphorbe-cierge 166
Euphorbe des dunes 168
Euphorbe maritime 168
Euphorbe mellifère 167
Euphorbe des pécheurs 169
Euphorbia
   ingens 166
   mellifera 167
   paralias 168
   piscatoria 169
   pulcherrima 170
Euphorbie, Strand- 168
Euphrasia holliana 263
European Elder,
   Common 328
Everlasting 192, 195
E., Fetid 193
E., White 194
Evighedsblomst
   192, 193, 194, 195
Extremosa 222
Eyebright, Madeira 263

F

Fackellilie 221
Fackellilja 221
Fagertrav 56
Faia 256
Fakkelplante 191
Fan Palm, Mexican 397
Färberwaid 213
Farfugium
   grande 229
   japonicum 229
Farn
   Baum-Farn 367
   Elenshornfarn 294
   Geweihfarn 294
   Nierenblättriger
      Frauenhaarfarn 24
   Punktfarn 300
   Schildfarn 300
   Streifenfarn 71, 72
   Wollfarn 106

415

Farvevajd 213
Fasel,
 Ägyptische 141
Faselbohne,
 Gemeine 141
Fausse Guimauve 14
Faux-Buis 108
Faux-Olivier
 des Canaries 288
Fayapors 256
Febergummiträd 164
Febertræ 163, 164
Federborstengras 278
Feigenbaum,
 Echter 173
 Shopf- 173
Feigenkaktus,
 Tuna- 266
Feijão de Bardo 141
Feijoa sellowiana 171
Fenchel, Fennel 176
Fennel, Hog's 208
Fennikel 176
Fennikel, Strand- 129
Feno 204
Fenouil 176
Fenouil marin 129
Fensterblatt 249
Fensterpflanze 249
Fern,
 Kidney-Leaved 24
 Maidenhair 72
 See also: 71, 106,
  294, 300, 367
Fetish Tree 220
Fetknopp,
 Brissemorets 337
 Fetknoppsbuske 340
 Kal Fetknopp 339
 Madeira-
  fetknopp 338
Feto
 Arbóreo 367
 Áspero 300
 Corno-de-Veado 294
 Redondo 24
 ver ainda:
  Avenca do Mar 71
  Falsa Avenca 72
  Doiradinha 106
Fetthenne,
 Brissemoret- 337
 Mehlige 338
 Nackte 339
 Sperrige 34

Fetthenne,
 Strauchige 340
 Zottige 35
Feuerdorn 308
Feuerranke 309
Fève d'Egypte 141
Fibbla
 Kamfibbla 384
 Klibbfibbla 46, 47
Fiberlilja 261
Fichte
 Douglasfichte 305
Ficöide 55, 97, 223, 245, 246
Ficus, Kletter- 175
Ficus
 benjamina 172
 carica 173
 comosa 172
 elastica 174
 radicans 175
Fieberbaum 164
 s. auch 163
Fig, Creeping 175
Fig, Hottentot 97
Fig-Marigold,
 Egyptian 246
 Heart-Leaved 55
Fig Tree,
 Common 173
 Oval-Leaved 172
 Tufted 172
Figen 173
Figenkaktus 266
Figue de l'enfer 62
Figue marine 97
Figueira 173
 F. da Barbaria 266
 F. do Egipto 104
 F. da Índia 172, 266
 F. do Inferno 167, 169
Figuier
 d'appartement 174
 de Barbarie 266
 domestique 173
 des Indes 172
 rampant 175
Fikonträd 173
Fikus
 Benjaminfikus 172
 Fönsterfikus 174
 Klätterfikus 175
Filanto 82
Filao 99
Filodendro
 de Folha Furada 249

Fingerbøl,
 Madeira- 214
Fingerborgsspira 214
Fingerfilodendron 249
Fingerhut, Schopf- 214
Fir Clubmoss 201
Fir, Douglas 305
Firethorn 308
Fisketörel 169
Fitolaca 286
Fjerpalme 61
Fjäderlavendel 225
Fjädermjölktistel 361
Fjäderpalm 61
Flag-Lily 109
Flamant-rose 50
Flame of the Forest 366
Flame Tree 79, 80, 313
Flamingo Flower 50, 51
Flamingoblomma 50, 51
Flamingoblomst 50, 51
Flamingoblume 50, 51
Flammenbaum 79, 80
Flammetræ 79, 80
Flamträd 79, 80
Flax Spurge 168
Fleabane,
 Bony-Tip 153
Fleur de la Passion
 275, 276, 277
Flockel 32, 33
Flocksparris 70
Flor
 de Jesus, 282
 de Manteiga 39
 de Merenda 222
 da Paixão 277
 de Sta. Maria 282
Floricos 153
Floss Silk Tree 111
Flower, Leaf 82
Flügelsame 202
Fläder 328
 Madeirafläder 327
Foeniculum vulgare 176
Følfod, Japansk 229
Fønikspalme 284
Foguetes 221
Foguetes de Natal 40
Folha de Cobre 22
Folhado 116
Foliage-Flower 82
Fontänpil 321
Fougère
 arborescente 367

416

Fougère
  en arbre 367
  à bois de cerf 294
  voir aussi:
  24, 71, 72, 106, 300
Fountain Palm 397
Fountain Plant 319
Fountain Tree 366
Fox Glove, Yellow 214
Fragon grimpant 341
Franciscea 84
Frangipani(er) 296
Frangula azorica 177
Frauenhaarfarn,
  Nierenblättriger 24
Frauenschuh 274
Frilandshibiskus 198
Fruto Delicioso 249
Fryle
  Madeirafryle 236
Frytle, Madeira- 236
Frö
  Vingfrö 203
Fuchsia, Tree 333
Fuglemælk 268
Funcho 176
Funcho Marinho 129
Furcraea foetida 178
Furcraea gigantea 178
Furcrée, Furcreia 178
Furcroye, Riesen- 178
Furze 389
Fusain de Madère 242
Fustete 76
Fänkål 176
  Strandfänkål 129
Fönsterfikus 174
Förmakspalm 200

G

Gagel 256
Gaillet 180
Gaitas, Gaitinhas 309
*Galactites
  tomentosa* 179
Galium productum 180
Gamander 377, 378
Gänseblümchen,
  Spanische 153
Gänsedistel 362
  Gefiederte 361
  Strauch- 360
Gänsekresse,
  Kaukasische 56

Gasoul modiflorum 246
Gayac d'Afrique 333
Gefiederähre 278
Geissblatt, Riesen- 234
Geissfuss 269
Geissklee,
  Madeira- 375
Gemüseartichocke,
  Stachelige 133
Genária 182
Genêt à balais 136
  G. épineux 389
  G. de Madère 181, 375
  G. à tiges grêles 181
*Genista
  canariensis* 375
  gracilis 181
  maderensis 375
  scoparia 136
  tenera 181
  virgata 181
Gennaria diphylla 182
Gerânio Folha de
  Anémona 184
Geranium à feuille
  d'anémone 184
Geranium de Madère 183
Geranium,
  California 343
*Geranium
  anemonifolium* 184
  maderense 183
  palmatum 184
Gerbersumach 314
Germander,
  Madeira 378
Germandrée
  fausse bétoine 378
  de Madère 377
Getapel, Körtelig 312
Getväppling
  Madeiraget-
  väppling 52
Geweihfarn 294
Gewurzrindenbaum,
  Doldentraubiger 346
  Zweikapseliger 345
Giesta
  das Vassouras 136
Gingeira Brava 177, 304
Ginger, Blue 139
Ginger, Shell 44
Ginst
  Madeiraginst 375
  Mjukginst 181

Ginster
  Besenginster 137
  Weicher 181
Girlandenblume 191
Giroflée de
  Madère 156, 241
Glaciale 245
Glansbegonia 75
Glansblomma 223
Glansbuske
  Krusbladig 290
Glicinia 401
Gliedkraut,
  Weisses 351
Globe Flower 185
Globe du Soleil 162
*Globularia
  longifolia* 185
  salicina 185
Glockenheide,
  Madeira- 151
Glockenmalve 15
Glycine sinensis 401
Gnidia carinata 186
  G. polystachya 186
Goat's Foot 269
Godiera
  da Madeira 187
Gøgeurt, Madeira- 137
Goiaba 306
Goiabeira-Ananás 171
Goivo da Rocha 241
Goivo da Serra, 156
Golddistel,
  Gefleckter 335
Golden Shower 309
Golden Trumpet 39
Goldmohn,
  Kalifornischer 162
Gommier 174
Gommier bleu 164
*Gomphocarpus
  fruticosus* 69
Goodyera
  macrophylla 187
Goosefoot, Shrubby 73
Gorse 389
Goyavier 306
  G. ananas 171
  G.-Fraise 307
Graminée
  des Pampas 125
Gran
  Douglasgran 305
  Norfolk- 58

417

Granadilla 277
Granadille
 Purpurgrana-
  dille 276
Granadille, Kleine 276
Grand Arum 121
Grasnelke, Madeira- 65
Grass, Beard 204
Grass, Pampas 125
Greiskraut,
 Madeira- 279
 Pestwurz- 343
 Schmerwurz- 344
Grevillea robusta 188
Grey Heather,
 Madeira 151
Griffe de chat 144
Griseøre, Grisöra 128
Groundsel,
 Climbing 342
 Ivy-Leaved 344
 Madeira 279
 Velvet 343
Gräs
 Dunborstgräs 278
 Pampasgräs 125
 Skäggras 204
Guajava 306
Guava,
 Brasiliansk 307
 Guyana 307
 Pineapple 171
 Strawberry 307
Guayave-Baum 306
Guernseylilie 258
Guimauve, Fausse 14
Guldklocka 253
Guldvalmue 162
Gullreva 350
Gultistel,
 Fläckig 335
Gultorn 335
Gulvinda 211
Gum,
 Red Flowering 163
 Blue Gum Tree 164
Gummibaum 174
Gummifigen 174
Gyldenlak, Madeira- 156
Gyllenlack 156
Gynerium
 argenteum 125
Gyvel 136
Gyvel, Madeira- 375

H

Haarstrang,
 Madeira- 208
Hængefigen 175
Hahnenfuss,
 Grossblättriger 311
Hainsimse 236
Hakea acicularis 189
 sericea 189
 tenuifolia 189
Halime, Halimus 73
Halskraut 385
Halsurt, Halsört 385
Hanf, Afrikanischer 329
Hanfweide 322
Háquea 189
Hare Bell 396
Hare's Ear,
 Bastard 285
 Willow-Leaved 86
Harginst, Harris 136
Hasenohr,
 Weidenblättriges 86
Hastes de S. José 365
H. de S. Lourenço 387
Hat, Mandarin- 199
Hat Plant, Chinese 199
Havsbräken 71
Hawaiiblomst 197
Hawkweed 383, 384
Heart Seed 93
Heath,
 Besom 152
 Tree 150
Heather,
 Madeira Bell- 151
 Madeira Grey 151
Heberdenia
 bahamensis 190
 excelsa 190
Heckensame 389
Hedychium
 gardneranum 191
Heidelbeere
 Madeira 390
Helichrysum
 devium 192
 foetidum 193
 melaleucum 194
 melanophthalmum 194
 obconicum 195
Helmbohne 141
Hemp, African 329, 365
Hemp, Bowstring 329

Hera Terrestre 350
Herb,
 Balm of Gilead 101
 Canary Dragon's 101
Herbe à la ouate 68
Herbe aux
 trachées 385
Hibisco 197
Hibisco Arbóreo 196
Hibisco da Síria 198
Hibiscus
 elatus 196
 rosa-sinensis 197
 syriacus 198
Hibiskus 197
 Blå Hibiskus 198
 Frilandshibiskus 198
 Trädhibiskus 196
Himalaja-Ceder 102
Himalayaceder 102
Himalayan Cedar 102
Himalayazeder 102
Himenosporo 203
Hindebæger 233
Hjælmbønne 141
Hjortetak-Bregne 294
Hjortetrøst,
 Mexikansk 32
Hjärtreva 55
Hocheibisch 196
Hog's Fennel,
 Madeira 208
Holmskioldia
 sanguinea 199
Holunder,
 Madeira- 327
 Schwarzer 328
Holy, Madeira 207
Honeysuckle,
 Burmese 234
 Cape 374
 Chinese 310
 Giant 234
Honungstörel 167
Hornklee 235
Horse-Tail Tree 99
Hortelã de Burro 101
Hortenses 202
Hortensia(s) 202
Hortensie 202
Hottentot Fig 97
Hottentottenfeige 97
Hottentottfikon 97
Houseleek,
 Disc 26

Houseleek,
    Tree 25
    Viscid 27
Houx de Madère 207
Howea forsteriana 200
Hülse, Madeira- 207
Huperzia selago 201
Huvudormrot 298
Hyacinth Bean 141
Hybridplatan 293
Hydrangea
    macrophylla 202
Hyld, Alm. 328
Hyld, Madeira- 327
Hymenosporum
    flavum 203
Hyparrhenia hirta 204
Hypericum
    grandifolium 205
    inodorum 205
Hägringseternell 192
Hänglampborste 89
Höstlilja 387

I

Iboza riparia 206
Ice Plant 245
Igname 121
Ildtorn 308
Ilex maderensis 207
Ilex perado 207
Immergrün,
    Kanarisches 36
Immortelle 194, 195
I. bleu 233
I. de Madère 192
I. de mer 233
I. puante 193
Imperatoria lowei 208
Incenseiro 290
Indian Rubber Tree 174
Indian Shot 91
Indiankrasse 388
Inhame 121
Intrometidas 153
Ipecacuanha, Wild 68
Ipomoea
    acuminata 209
    batatas 210
    learii 209
    ochracea 211
    purpurea 212
Ironwood 352

Ironwort, Madeira 351
Isatis tinctoria 213
Isoplexis sceptrum 214
Isplanta 146
Isplante 245
Isört 245
    Små Isört 246
lúca 372
Ivy, Chinese 386
Ivy German 342

J

Jacaranda
    mimosifolia 215
    ovalifolia 215
Jacinthe
    de Madère 334
Jade Plant 127
Jakaranda 215
Jambeiro 370
Jambosa jambos 370
Jambosa vulgaris 370
Jambosier 370
Jamorosier 370
Jarros 403
Jarvão 391
Jasmim Amarelo 216
Jasmim Bastardo 357
Jasmim de Estrela 386
Jasmin
    Stjerne- 386
    Stjärnjasmin 386
Vippjasmin 217
Wohlriechender 216
Jasmin
    étoilé 386
    jonquille 216
    très odorant 216
    trompette 272
Jasmine 217
    Nightshade 357
    Star 386
    Sweet-Scented 216
Jasmineiro 217
Jasminum
    augeronii 216
    barrelieri 216
    gomeraeum 216
    humile auct. 216
    odoratissimum 216
    polyanthum 217

Jernbane-Vedbend 342
Jerntræ 99, 352
Jernurt 392
Jernurt, Kæmpe- 391
Jerseylilje 258
Johannesbrødtræ 104
Johannesbrödträd 104
Johannisbrotbaum 104
Johanniskraut,
    Grossblättriges 205
Jonc marin 389
Jonc du Nil 134
Joubarbe
    en arbre 25
    glutineuse 27
    de Madère 34
    plateau 26
Judas Tree 105
Judasbaum 105
Judastræ 105
Judasträd 105
Juglans regia 218
Julestjerne 170
Julstjärna 170
Jumelles, Deux 74
Juniper, Madeira 219
Juniperus
    cedrus 219
    oxycedrus 219
Jupiter's Beard 103
Järnek, Madeira- 207
Järntall 99
Järnträ 352
Jätteagave 178
Jättekämper 292
Jättetörel 166
Jätteverbena 391

K

Kællingetand 235
Kæmperør 67
Kœrlighedsvin 53
Kaffe, Falsk 290
Kafferlilja 119
Kaffeträ, Falsk 290
Kaffir Tree 159
Kahnblume 132
Kahnlippe 132
Kahnorche 132
Kaiserwurz,
    Madeira- 208
Kajote 336
Kale, Madeira 126

Kali, Aegyptisches 246
Kalkkarse, Hvid 56
Kalla 403
Kamelfotträd 74
Kamfertræ 113
Kamferträd 113
Kamfibbla 384
Kampferbaum 113
Kanariedadelpalm 284
Kanarieljung 152
Kanna 91
Kanonviska 191
Kap-Belladonna 85
Kapamaryllis 85
Kapkaprifol 374
Kapkastanie 90
Kapkastanje 90
Kapok Tree 111
Kapokbaum 111
Kapokier 111
Kapokträd 111
Kaprifol
   Kapkaprifol 374
Kaprifolie 234
Kaprose 374
Kapstjärna 268
Kapuzinerkresse,
   Grosse 388
Karamellblomma 318
Karat Tree 157
Kardon, Kardone 133
Kartoffel, Süsse 210
Karube 104
Kassia, Kassie
   345, 346, 347, 348, 349
Kastanie, Ægte 98
   Kapkastanie 90
Kastanienbaum,
   Edel- Ess- 98
Kastanj, Äkta 98
Kastanj, Ätlig 98
Kastanje
   Kapkastanje 90
Kasuarina 99
Kat, Madeira- 242
Katbuske
   Madeirakatbuske 242
Kathstrauch
   Madeira- 242
Katteklo 144
Kattkloranka 144
Kauri, Kawri 29
Kayote 336
*Kentia
   forsteriana* 200

Kermesbær 287
Kermesbærtræ 287
Kermesbeere,
   Amerikanische 286
Kermesbeerenbaum 287
Kermesbär 286
Kermesbärträd 287
Kerzenstrauch 347
Ketmie 198
   étalée 196
   rose de Chine 197
Keulenbaum 261
Kidney Bean,
   Black-seeded 141
Kidney-Vetch,
   Madeira 52
Kiefer
   Sternkiefer 289
   Strandkiefer 289
Kigelia africana 220
Kigelia pinnata 220
Kirimoja 48
Kirschlorbeer, 303, 304
Kirschmyrte,
   Einblütige 165
Kirsebær, Lavrbær- 303
Klaseskærm 264
Klebsame,
   Krausblättriger 290
Klee, Kronen- 124
Kleestrauch
   Madeira- 375
   Besenkleestrauch 136
Kletterpflanze,
   Rangun- 310
Klettertrompete 273
   Jasmin 272
Klibbfibbla 46, 47
Klibbtaklök 27
Klimmelde 49
Klingelblume,
   Nickende 396
Klippnycklar 267
Klippsenap 355
Klivia, Klivie 118, 119
Klocka
   Guldklocka 253
   Wollastons Klocka 254
Klockmalva 14, 15
Klokke, Madeira- 253
Klokkebusk 399
Klokkelyng 152
   Madeira 151
Klokketræ 15
Klätterfikus,
   Storbladig 175

Knabenkraut,
   Felsen- 267
   Madeira- 137
Knærod, Madeira 187
Kniphofia uvaria 221
Knollenbaum 261
Knöterich,
   Aubert- 77
   Chinesischer
     Schling- 77
   Kopfiger 298
   Strand- 299
Knotweed,
   Climbing 77
   Garden 298
   Sea-Side 299
Knärot
   Madeiraknärot 187
Kobberblad 22
Kølletræ 261
Kokospalme,
   Feder- 61
   Schmuck- 61
Kolbenriese,
   Köstlicher 249
Konvalbusk 116
Konvaljebuske 116
Koralbusk
   157, 158, 159, 160
Korallenbaum,
   Kaffern- 159
   Prächtiger 160
   Schmalblütiger 159
Korallenstrauch 158
Korallträd,
   Abesinskt 157
   Kaffer 159
   Pracht-
     korallträd 160
   Tuppkams 158
Korbweide 322
Korgvide 322
Kori 29
Kortkrone, Madeira- 351
Kortlæbe, 377, 378
Korvträd 220
Kranskrage 112
Krasse
   Indiankrasse 388
Kratzdistel,
   Grossblättrige 114
Krepmyrte 222
Krepp-Myrte 222
Kresse
   Grosse Kapuziner-
     kresse 388

Kreuzdorn,
  Drüsiger 312
  Grossblättriger 177
Kreuzkraut,
  Madeira- 279
  Pestwurz- 343
Kristtorn,
  Madeira- 207
Kronen-Klee 124
Kronen- Wicke 124
Kronenmargerite 112
Kronwicke,
  Blaugrüne 124
Kronill 124
Krypstånds 344
Kryptomeria 130, 131
Kugelblume 185
Kugleblomst 185
Kungsmagnolia 237
Kungsprotea 302
Kupferblatt
  Wilkes 22
Kviskvalis 310
Kämper
  Jättekämpar 292
  Madeirakämper 291
Kärringtand
  Madeira-
  kärringtand 235
Körtelflockel 32
Körteltaklök 26

L

Lablab vulgaris 141
Labgoldkorn 335
Labkraut, Madeira- 180
Lackviol 156
Lady's Slipper 275
Lager,
  Azorlagerträd 224
  Kanarisk Lager 54
  Lagerhägg 303
  Madeiralager 281
  Rosenlager 259
  Stinklager 262
Lagerstroemia
  indica 222
Lágrimas de Amor 319
Laiteron 360, 362
  en arbre 360
Lampborste 88
  Hänglampborste 89
Lampepudser 88, 89

Lampranthus sp. 223
Langues de belle-mère 329
Lanquette des Canaries 36
Lanseblomst 143
Laranjeira 115
L. do México 110
Laurel 224
Laurel,
  Bay 303
  Big 237
  Canary 54
  Cherry 303
  Fetid 262
  Madeira 262
  Victorian 290
Laurier
  des Açores 224
  d'Australie 290
  -Avocatier 280
  des Canaries 54
  -Cerise 303, 304
  de Madère 262
  puant 262
Laurier
  -Rose 259
  royal 281
  de Ténérife 54
  -Tulipier 237
Laurocerasus
  lusitanica 304
  officinalis 303
Laurose 259
Laurus
  azorica 224
  canariensis 224
  foetens 262
  indica 281
  maderensis 262
Lavande pénée 225
Lavandula
  pinnata 225
Lavendel,
  Fjäder-
  lavendel 225
  Gefiederter 225
  Meerlavendel 233
Lavender,
  Pinnate 225
  Sea 233
Lavrbær 224
Lavrbær-Kirsebær 303
  Portugisisk 304
Lead Tree,
  West Indian 228
Leadwort, Cape 295
Leaf Flower 82

Leberwurstbaum 220
Leituga 360, 361, 362, 383
Lejonöra 226
Leonotis leonurus 226
Leptospermum
  scoparium 227
Leucaena
  glauca 228
  leucocephala 228
Leucophaë
  candicans 351
  massoniana 351
Levkøj, Madeira- 241
Levkoje, Madeira- 241
Lian
  Madeiralian 341
Liane
  aurore 309
  à chat 144
  corail 53
  à lait 39
  rude 282
  de St. Jean 282
  trompette 272
  tubéreuse 49
Licopódio 140, 201
Liebesblume,
  Afrikanische 28
Liebräken 300
Lierre d'été 342
Lierre terrestre,
  Faux 350
Ligularia
  kaempferi 229
  tussilaginea 229
Ligustrum
  japonicum 230
  sinense 231
Lilac, Indian 222
Lilac, Persian 244
Lilas d'Espagne 103
Lilas des Indes 222, 244
Lilás da Índia 244
Lilases 401
Lilie,
  Guernseylilie 258
  Jerseylilie 258
  Madonen-Lilie 232
  Palmlilie 402
  Weisse Lilie 232
Lilium longiflorum 232
Lilja
  Afrikas blå Lilja 28
  Fackellilja 221
  Fiberlilja 261

421

Lilja
  Höstlilja 387
  Kafferlilja 119
  Mönjelilja 118
  Palmlilja 402
  Trumpetlilja 232
Lilje
  Jersey-Lilje 258
  Palmelilje 402
  Skærmlilje 28
Lily,
  African 28
  Arum 403
  Belladonna 85
  Bugle 398
  Butterfly 191
  Calla 403
  Flag- 109
  Giant 178
  Ginger 191
  Greentip 119
  Guernsey 258
  Kaffir 118, 119
  Madonna 232
  of the Nile 28
  Spear 143
  Torch 221
  White 232
Lily-of-the-Valley
  Tree 116
Limonium
  sinuatum 233
Línguas de Sogra 329
Língua de Vaca 360
Lion's Ear 226
Lion's Tail 226
Lis
  blanc 232
  du Cap 109, 398
  de Guernesey 258
  de la Madone 232
  du Mexique 261
  -palmier 143
  rose 85
Liseron des Indes 310
Liseron de Madère 122
Ljung
  Trädljung 150
  Madeiraljung 151
Ljusbuske 347
Lobster Claw 117
Locust Tree 104
Loendro 259
Løveøre 226
Longose 44, 191
Lonicera
  hildebrandiana 234

Lopplummer,
  Azorisk 201
Loquat(e) 154
Lorbeer,
  Kanarischer 54, 224
  Stink- 262
Lorbeerbaum 224
Lorbeerkirsche 303
Losna 66
Lotier 235
Lotus glaucus 235
Loureiro 224
Loureiro Real 281
Loureiro Rosa 259
Louro Cerejo 197
Louro Inglês 303
Love's Chain 53
Löwenohr 226
Löwenschwanz 226
Lucky Bean Tree 159
Lummer
  Madeiralummer 140
Lupsia galactites 179
Luzula seubertii 236
Lyckoklöver,
  Gul 269
  Purpur 270
Lycopodium
  madeirense 140
  selago 201
Lytanthus
  salicinus 185
Långbladsakacia 18
Lädemyrten 190
Lövkoja
  Madeiralövkoja 241

M

Macfadyena
  unguis-cati 144
Madeira-
  berberis 76
  bergste 351
  björnbär 317
  blodtopp 239
  blåbär 390
  bräcka 330
  buxbom 108
  en 219
  fetknopp 338
  fläder 327
  fryle 236
  gamander 378

Madeira-
  getväppling 52
  ginst 375
  katbuske 242
  knärot 187
  kärringtand 235
  kämper 291
  lager 281
  lian 341
  ljung 151
  lövkoja 241
  mjölktistel 362
  måra 180
  mästerrot 208
  nycklar 137
  näva 183
  rönn 364
  scilla 334
  stolthet 148
  strandkål 126
  stäkra 264
  syra 318
  taklök 34
  tistel 114
  trift 65
  vinda 122
  vine 49
  viol 394
Madressilva
  Gigante 234
Mælde 73
Magic Tree,
  Peruvian 92
Magnolia
  grandiflora 237
Maguey Plant 31
Mahogani,
  Madeira- 281
Mahoe, Mountain 196
Mahogani,
  Madeira 281
Mahot
  à fleurs 197
  de Madagascar 142
Maidenhair
  Spleenwort 72
Maiblumenbaum 116
Malfurada 185, 205
Malmequer
  Arbóreo 250
Malmequeres 63
Malva
  Klockmalva 14, 15
Mamoneira 315
Manacá 84
Mandarin Hat 199

Mandarinhat(t) 199
Mandarinhut 199
Mangifera indica 238
Mango 238
Mangueira 238
Mangueiro 238
Manguier 238
Manhãs de Páscoa, 170
Manto de Noiva 77
Manuka 227
Mãozinhas
  de N.ª Senhora 155
Maple, Flowering 15
Maracujá
  Banana 277
  de Flor Vermelha 275
  Roxo 276
Marbel 236
Marcâmia 240
Marcetella
  maderensis 239
Margarida Africana 60
Margaridas 112
Margerit,
  Madeira 63
  Mandons 64
Margousier 244
Marguerite
  jaune 112
  de Madère 63
  de Mandon 64
  du Mexique 250
Marienlilie 232
Markhamia
  platycalyx 240
Marmulano 352
Marronnier 98
Martinete 88
Martinete Chorão 89
Martírio 276
Massaroco 148, 149
Mastic Tree,
  Peruvian 332
Mastruço do Peru 388
Match-me-if-you-can 22
Matthiola
  maderensis 241
Mauritiushanf 178
Mäusedorn,
  Kletternder 341
Mäusefrass 255
Mauve en arbre 198
Maytenus dryandri 242
M. umbellata 242
Meerfenchel 129

Meerkohl,
  Strauchiger 126
Meerlavendel 233
Meerwolfsmilch 168
Meerzwiebel,
  Madeira- 334
Meisterwurz,
  Madeira- 208
Melanoselinum
  decipiens 243
  edule 248
Melde 73
Melia azedarach 244
Mélisse des Canaries 101
Melonenbaum 95
Melontræ 95
Melonträd 95
Mentastro 101
Menthe-arbrisseau 87
Mérianelle 109
Mesembryanthemum
  cordifolium 55
  crystallinum 245
  edule 97
  nodiflorum 246
Mexicobinka 153
Mexicosalvia 324
Micromeria varia 247
Middagsblomma 97, 146
Middagsblomst 55, 97
Milchdistel 179
Milchstern 268
Millepertuis 205
Mimosa 16, 17, 18,
  20, 21, 37, 228
Mimosa
  glauca 228
  leucocephala 228
Mioporo 255
Mirror Plant 123
Mispel 154
Misty Plum Bush 206
Mittagsblume 97
  Herzblättrige 55
  Kleine 223
  Knotblütige 246
  Reichblütige 146
Mjukginst 181
Mjältbräken 106
Mjölktistel
  Buskmjölktistel 360
  Fjädermjölktistel 361
  Madeira-
    mjölktistel 362
Mocan (baum) 395
Mocanère 395

Mocano 395
Mocanträd 395
Mock Acacia 228
Modeste 142
Molugine 180
Mombrécias 387
Moneywort,
  Madeira 350
Monizia edulis 248
Monkey-Pod Tree 326
Monstera
  deliciosa 249
Montanoa
  bipinnatifida 250
Montbretia
  crocosmiiflora 387
Morelle à feuilles
  de Jasmin 357
Morning Glory
  209, 211, 212
Mosaikblad 22
Moschosma
  riparium 206
Moskusplante 206
Moss, Club 201
Mother in Law's
  Tongue 329
Mountain Ash,
  Madeira 364
Moutarde
  à feuilles
  de saule 353
  arbustive 353
  des rochers 354, 355
Múchia
  Dourada 253
  de Wollaston 254
Mûre 317
Murrião 195
Musa
  acuminata 251
  cavendishii 251
  nana 251
  x paradisiaca 252
  x sapientum 252
Musschia
  aurea 253
  wollastonii 254
Mustard,
  Narrow-Leaved 353
  Rock 355
Myoporum
  acuminatum 255
Myrica faya 256
Myrte
  des Açores 256

Myrte
　Krepmyrte 222
　Krepp-Myrte 222
　Südseemyrte 227
Myrten, Bärmyrten 165
Myrtille de Madère 390
Myrtle,
　Crape 222
　South Sea 227
　Wax 256
Målla 73
Måra
　Madeiramåra 180
Mästerrot
　Madeiramästerrot 202
Mönjelilja 118

N

Nachtschatten,
　Jasmin- 357
　Wendlands 359
　Wollblütiger 358
Nadelbush 189
Nagelfrucht 69
Nasturtium 388
Natskygge, Uld- 358
Natternkopf,
　Prächtiger 149
Nattskatta
　Jasmin 357
　Ullnattskatta 358
　Wendlands 359
Needle, Adam's 402
Needle Bush 189
Néflier du Japon 154
Neotinea intacta 257
Neotinea maculata 257
Nerie 259
Nerine sarniensis 258
Nerium oleander 259
Nerprun
　glanduleux 312
　à larges feuilles 177
Nespereira 154
Nesselblatt, Wilkes 22
Netzblatt, Madeira- 187
Nicotiana glauca 260
Nightshade,
　Jasmine 357
　Mauritius 358
　Wendland's 359
Njurböna 141
Nogueira 218
Nolina recurvata 261

Nopal 266
Norça 372
Norfolk-Gran 58
Norfolktanne 58
Notelaea excelsa 288
Noveleiro 393
Novelos 202
Noyer commun 218
Nozelha 248
Nycklar
　Klippnycklar 267
　Madeiranycklar 137
Näva
　Anemonenäva 184
　Madeiranäva 183

O

Oak, Silky 188
Oak, Silver 188
Ocotea foetens 262
Octopus Tree 331
Odontites holliana 263
Oeil de Christ 284
Oenanthe
　divaricata 264
　pteridifolia 264
Oiseau du Paradis 368
Okseøje, Kron- 112
Olaia 105
Olbaum, Wilder 265
Olea europaea 265
Olea excelsa 288
Olea maderensis 288
Oleander, Oléandre 259
Oleastre de Madère 265
Olieplante,
　Amerikansk 315
Oliv
　Madeira Oliv 265
Olive Tree, Wild 265
Oliveira Brava 265
Oliven, Madeira- 288
Oliventræ, Madeira- 265
Olivier
　des Canaries, Faux 288
　Sauvage de Madère 265
Ombu 287
Opuntia tuna 266
Orange 115
Orange Flower,
　Mexican 110
Orange Tree, Sweet 115
Orange Trumpet
　Vine 309

Orangenblume,
　Dreiblättrige 110
Oranger 115
　du Mexique 110
Orchid,
　Bamboo 356
　Cane 356
　Madeira 137
　Rock 267
Orchid Tree 74
Orchidé de Madère 137
Orchidé roseau 356
Orchidee, Bambus- 356
Orchis
　foliosa 137
　intacta 257
　maderensis 137
　scopulorum 267
Orchis des rochers 267
Oreille de lièvre 285
Orélie de Guyane 39
Oreodaphne
　foetens 262
Orgueil de Bolivie 382
Orkidé, Bambus- 356
Orkidéträd 74
Ormbunke
　Trädormbunke 367
Ormrot
　Huvudormrot 298
Ornithogalum
　thyrsoides 268
Orpin 337, 339
　géant 340
　de Madère 34, 338
　velu 35
Orquídea
　de Cana 356
　de Haste 132
　das Rochas 267
　da Serra 137
Orthospermon
　sellowianus 171
Oseille du Cap 269
Oseille de Madère 318
Oseille rouge 270
Osier 322
Orvalho da Aurora 245
Oxalis
　cernua 269
　pes-caprae 269
　purpurea 270
　variabilis 270
Oxicèdre 219

P

Pagoda Tree 296, 363
Pagodträd 363
Pagodatræ 296, 363
Palisanderbaum 215
Palisandertræ 215
Palissandre, Faux 215
Palm
 Blue 81
 Blåpalm 81
 Canary 284
 Curly 200
 Dadelpalm 284
 Drottningpalm 61
 Elegant 59
 Fan 394
 Fjäderpalm 61
 Fountain 394
 Kanariedadelpalm 315
 Paradise 200
 Queen 61
 Sentry 200
 Washington 397
Palmaralia 331
Palma Christi 315
Palme
 Archontophoenix- 59
 Braheapalme 81
 Curly- 200
 Fjerpalme 61
 Fønikspalme 284
 Herrscher- 59
 Dattel- 284
 Trådpalm 397
 Washington- 397
Palmeiras
 Azul 81
 das Canárias 284
 Elegante 59
 Kentia 200
 Washingtónia 397
Palmelilje 402
Palmiers
 Bleu 81
 des Canaries 284
 élégant 59
 en éventail 81
 frisé 200
 de Guadeloupe 81
 Kentia 200
 Washingtonia 397
Palmelilie 402
Palmlilja 402

Pampas Grass 125
Pampasgras 125
Pampasgræs 125
Pampasgräs 125
Pampilhos 63, 64
Pandanus utilis 271
Pandorea
 jasminoides 272
 pandorana 273
Papaia, Papaieiro 95
Papaw 95
Papaya, Papayer 95
Papegojblomma 368
Papegojnäbb 117
Papegøjenæb 117
Paper Plant,
 Egyptian 134
Paper Tree, Rice 376
Paphiopedilum
 insigne 274
Papieraralie 376
Papiraralie 376
Papiros 134
Papoila do México 62
P. da Califórnia 162
Pappel
 Silberpappel 301
Papperssäv 134
Papperträd
 Rispapperträd 376
Papyrus 134
Pâquerette
 des murailles 153
Paradiesbaum 244
Paradies-
 vogelblume 368
Paradisträd 127
Paradistræ 127
Paradisvugl 368
Paradise Flower 359
Paraplytræ 330
Paritie, Hohe 196
Paritium elatum 196
Parrot's Bill 117
Parsley, Black 243
Pascoinhas 124
Pássaras 183
Passiflora
 antioquiensis 275
 edulis 276
 x exoniensis 277
 van-volxemii 275
Passion Flower
 275, 276, 277
Passionsblomma 275, 277

Passionsblomst
 275, 276, 277
Passionsblume
 275, 277
Passionsfrukt 276
Pastel 213
Pastinha 175
Patas de Cavalo 229
Patate d'Amérique 49
Patate douce 210
Paternosterbaum 244
Paternostertræ 244
Paternosterträd 244
Patte de cheval 229
Patte de lapin 35
Patte d'ours 23
Pau Branco 288
Pavot épineux 62
P. de Californie 162
Pawpaw 95
Pear, Alligator 280
Pear, Prickly 266
Pear, Vegetable 336
Pebertræ,
 Peruansk 332
Pedrosia glauca 235
Pedrosia paivae 235
Penacho Branco 125
Pencas 133
Pennisetum
 longistylum 278
 villosum 278
Pepinela 336
Pepparträd,
 Peruanskt 332
Pepper Tree 332
Perado 207
Perce-pierre 129, 330
Pereira Abacate 280
Pericallis aurita 279
Perinhos 308
Peristylus cordatus 182
Perlebælg 124
Perpétuas
 192, 193, 194
Perrexil 129
Persea
 americana 280
 azorica 224
 gratissima 280
 indica 281
Persian Walnut 218
Persil noir 243
Persilja
 Svartpersilja 243

425

Persisk Syren 244
Pessegueiro
  de Jardim 399
Petrea volubilis 282
Peucedanum lowei 208
Peuplier blanc 301
Pfahlrohr 67
Phaedranthus
  buccinatorius 283
Pharbitis
  hispida 212
  learii 209
  purpurea 212
Philodendron
  pertusum 249
Phoebe indica 281
Phoenix
  canariensis 284
Phyllanthus nivosus 82
Phyllis nobla 284
Phytolacca
  americana 286
  decandra 286
  dioica 287
Picconia excelsa 288
Pied de chameau 74
Pied de chèvre 269
Pigvalmue 62
Pigeon Berry 147
Pil
  Bånd-Pil 322
  Fontänpil 321
  Tåre-Pil 321
  Tårpil 321
Pilurt 298, 299
Pilört
  Strandpilört 299
Pimenteira
  Bastarda 332
  da Índia 332
Pin d'Australie 57, 99
Pin maritime 289
Pin de Norfolk 58
Pinastre 289
Pine,
  Australian 99
  Bunya 57
  Cluster 289
  Deodar 102
  Norfolk Island 58
  Sea, Star 289
Pinhas 268
Pinheiro
  Bravo 289
  de Damara 29

Pinheiro
  com Folha de
  Alegra-Campo 29
  Marítimo 289
Pinus maritima 289
Pinus pinaster 289
Piorno 181, 375
Pipört, Flerårig 103
Piracanto 308
Pissenlit, Bois de 373
Pitanga 165
Piteira 30, 31, 178
Pithecellobium
  saman 326
Pittosporum
  undulatum 290
Plane Tree 293
Plant,
  Century 30
  Coral 319
  Dollar 127
  Egyptian Paper 134
  Fountain 319
  Jade 127
  Maguey 31
  Mirror 123
  Shell 44
Planta dos Dentes 296
Planta da Seda 68, 69
Plantago
  arborescens 291
  coastae 291
  maderensis 291
  malato-belizii 292
Plantain 291, 292
Platanus x hybrida 293
Platycerium
  alcicorne 294
  bifurcatum 294
Plumas 125, 278
Plumbago
  auriculata 295
  capensis 295
Plumeria
  acuminata 296
  acutifolia 296
  rubra 296
Plumes 278
Plymbuske 206
Pocpoc 93
Podranea
  ricasoliana 297
Pølsetræ 220
Poinsettia
  pulcherrima 170

Poirier de Nouvelle-
  -Grenade 280
Pois de coeur 93
Poivrier, Faux 332
Poivrier du Pérou 332
Poke, Tree 287
Poke, Virginian 286
Polygonum
  aubertii 77
  capitatum 298
  maritimum 299
Polystichum
  falcinellum 300
Pomme rose 370
Pommier rose 370
Popcorn Bush 347
Poplar, Silver 301
Poplar, White 301
Poppel
  Silverpoppel 301
  Sølv-Poppel 301
Poppy, Mexican 62
P., Prickly 62
P., Californian 162
Populus alba 301
Pors 256
Posaunen-
  -Bignonie 283
Potatis
  Basellapotatis 49
  Sötpotatis 210
Potato, Sweet 210
Potato Vine 357, 359
Pourpier de mer 73
Prachtblume 117
Praktsalvia 325
Prickly Cardoon 133
Prickly Moses 21
Prickly Pear 266
Pride of Bolivia 382
Pride of China 244
Pride of India 244
Pride of Madeira 148, 149
Pritchardia
  filifera 397
Privet, Chinese 231
Privet, Japanese 230
Protea cynaroides 302
Proteia Real 302
Proteusstrauch 302
Prunkwinde
  209, 211, 212
Prunus
  hixa 304
  laurocerasus 303
  lusitanica 304

Prästkrageträd 250
*Pseudotsuga
douglasii* 305
menziesii 305
*Psidium
araca* 307
guajava 306
guineense 307
pomiferum 306
pyriferum 306
Punktfarn 300
Purpurkranz 282
Purpurkrona 282
Purpurgranadille 276
Purpurvinda 209
Purslane 36
Purslane, Tree 73
*Pyracantha
angustifolia* 308
Pyrostegia ignea 309
Pyrostegia venusta 309
Pyrus aucuparia 364
Pyrus maderensis 364

Q

Quebra-Panela 87
Quendel 247, 380
Queue de cheval 319
Queue de cochon 51
Queue de lion 226
Queue de rat 51
Quigélia 220
Quisqualis indica 309

R

Rabinho de Porco 51
Rabos de Leão 226
Rache, Shrubby 73
Rachenlilie 109
Rachenschwertel 109
Radeløv 72
 Strand-Radeløv 71
Rain Tree 326
Raisin d'Amérique 286
Raketblomst 222
Rangoon Creeper 310
Rangun-
 Kletterpflanze 310
*Ranunculus
cortusifolius* 311
grandifolius 311

Ranunkel 311
Rauhreif
 des Südens 206
Rautenbaum, Kap- 90
Rebendolde,
 Madeira- 264
Red Hot Poker 221
Red Hot Poker Tree 157
Redoul 314
Reed, Giant 67
Regenbaum 326
Regenschirmbaum 331
Regntræ 326
Regnträd 326
Reiherbusch 88
Reispapierpflanze 376
Renoncule à grandes
 feuilles 311
Renouée
 des jardins 298
 maritime 299
 des sables 299
 du Turkestan 77
*Rhamnus
glandulosa* 312
latifolia 177
*Rhododendron
arboreum* 313
Rhue des jardins 314
Rhus coriaria 314
Ricasoliana 297
Ricasolier 297
Rice Paper Tree 376
Richardia africana 403
Ricinelle de Wilkes 21
Ricinus communis 315
Riemenblatt 118
Riesenschilf 67
Rispapperträd 376
Rizinus 315
Roca de Vénus 191
Rochea coccinea 316
Rock Mustard 354, 355
Rock Orchid 267
Rododendro 313
Rødtop, Madeira 263
Røn, Madeira 364
Rohr, Spanisches 67
Ronce 317
Ros
 Alpros 313
Rosa da China 197
Rosa da Rocha 103
Rose Apple 370
Rose, Baby Sun 55

Rose Bay 254
Rose de Chine 197
Rose, Pomme 370
Rose, Pommier 370
Rose of Sharon 198
Roseau géant 67
Rosemary, Sea 369
Rosemary, Wild 155
Rosenapfel 370
Roseneibish 197, 198
Rosenknöterich 53
Rosenlager 259
Rosenmyrten 227
Rosenprakttry 399
Rosensky 53
Rosenäpple 370
Rosshuf 229
Rowan, Madeira 364
Rubber Tree,
 Indian 174
Rubber Plant,
 Japanese 127
Rubus grandifolius 317
Rubus pedatus 317
Ruhmesblume 117
Rumex maderensis 318
Rumex scutatus 318
Rumex tingitanus 318
Rumsakacia 37
Rumsgran 49
Rundbælg, Madeira- 52
Ruscus androgynus 341
Rush, Wood 236
*Russelia
equisetiformis* 319
juncea 319
Rusty-Back Fern 106
Rönn
 Madeirarönn 364
Rör
 Sockerrör 320
 Spanskrör 67

S

Sabot de Vénus 274
Sabugueiro
 da Madeira 327
 Negro 328
*Saccharum
officinarum* 320
Sage 323, 324, 325
Saião 25, 26, 27
St. John's Bread 104

427

St. John's Staff 398
Saint John's Wort 205
Salbei 323, 324, 325
Salgadeira 73
Salgueiro Chorão 321
Salix
　babylonica 321
　elegantissima 321
　viminalis 322
Salsa Brava 264
Salvia
　eriocalyx 323
　leucantha 323
　sessei 324
　splendens 325
Saman 326
Samanea saman 326
Samaneiro 326
Sambucus
　lanceolata 327
　maderensis 327
　nigra 328
Samouco 256
Samphire, Rock 129
Sanguinho 312
Sanguisorba
　maderensis 239
Sankt Thomasbaum 74
Sanktpatriksbuske 110
Sansevieria
　laurentii 329
　trifasciata 329
Santal, Faux- 255
Sapatinhos 274
Sapin
　d'appartement 58
　de Douglas 305
Sarça Ardente 308
Sariette, Fausse 351
Sarothamnus
　scoparius 136
Satureja
　thymoides 247
Saudistel 362
Sauerdorn, Madeira- 76
Sauerklee, Gelber 269
Sauerklee, Purpur- 270
Sauge 323, 324, 325
Saule pleureur 321
Saule des vanniers 322
Sausage Tree 220
Saxifraga
　maderensis 330
Schefflera
　actinophylla 331

Scheineller, Baum- 116
Scheinzypresse 107
Schiefblatt 75
Schildfarn 300
Schinus molle 332
Schlafmützchen 162
Schleier
　der Magdalena 146
Schling-Knöterich,
　Chinesischer 77
Schmerwurz
　Essbare 372
Schneeball,
　Gemeiner 393
Schneebusch 82
Schnurbaum,
　Japanischer 363
Schöterich
　Madeira- 156
Schotia
　brachypetala 333
Schraubenbaum 271
Schwanzblume 51
Scilla
　hyacinthoides 334
　maderensis 334
Scolymus
　maculatus 335
Screwpine 271
Sea Blite, Shrubby 369
Sea-Pink, Madeira 65
Sea Rosemary 369
Sea Spleenwort 71
Sechium edule 336
Seda, Plumas de 278
Seda, Planta da 68, 69
Sedum
　brissemoretii 337
　divaricatum 34
　farinosum 338
　nudum 339
　praealtum 340
Seefenchel 129
Seideneiche,
　Australische 188
Seidenpflanze,
　Curaçao 68
　Strauchige 69
Seidenrosenbaum 38
Seidenwollbaum 111
Seifenstaude,
　Afrikanische 369
Selin noir 243
Selvageira 351
Semele androgyna 341
Semperfi 40

Sempervivum
　arboreum 25
　barretii 35
　divaricatum 34
　glandulosum 26
　glutinosum 27
　patina 26
　stellatum 35
　villosum 35
Sempre-Viva
　das Canárias 36
Senap
　Klippsenap 355
　Smalbladssenap 353
Séné 346, 347
Senecio
　auritus 279
　maderensis 279
　mikanioides 342
　petasitis 343
　scandens 342
　tamoides 344
Séneçon
　279, 342, 343, 344
Senf,
　Felsen- 355
　Nacktkelcher 354
　Schmalblättriger 353
Senna bicapsularis 345
Senna corymbosa 346
Senna didymobotrya 247
Senna multijuga 348
Senna pendula 349
Sennes 345, 346, 347, 348, 349
Sentry Palm 200
Serpolet
　à feuilles étroites 380
Serralha da Rocha 360
Sevadilha 259
Shade, Beautiful 287
Sharon's Rose 198
Shell Ginger 44
Shell Plant 44
Shoe Plant 197
Shower, Golden 309
Shrub Tobacco 260
Sibthorpia
　peregrina 350
Sicheltanne 130, 131
Sidenört 68, 69
Sideritis
　candicans 351
Sideroxylon
　marmulano 352
Silberpappel 301

Silk Plant 69
Silk Tree 38
Silk Tree, Floss 111
Silkebomuldstræ 111
Silkeeg 188
Silkeplant, Rav- 68
Silkesbomullsträd 111
Silkesträd 38
Silkweed,
　Curaçao 68
Silva, Silvado 317
Silver Bush 52
Silver Lace Vine 77
Silverakacia 17
Silverbanan 252
Silvereternell 197
Silvermalört,
　Madeira 66
Silverpoppel 301
Silverregn 77
Sinapidendron
　angustifolium 353
　gymnocalyx 354
　rupestre 354, 355
　salicifolium 353
Sinapis
　angustifolia 353
Sininhos 396
Siris, Pink 38
Skærmlilje 28
Skaftmorot 248
Skilla, Madeira- 334
Skjoldbregne,
　Madeira- 300
Skrabba 185
Skruepalme 271
Skruvpalm 271
Skråpstånds 343
Sky Flower 147
Skäggräs 204
Slangehoved 148, 149
Slipper, Lady's 274
Slipper, Venus' 274
Smalbladssenap 353
Smørblomst,
　Madeira- 311
Små Isört 246
Smörblomma
　Storblads-
　smörblomma 311
Snabelagave 31
Snake Plant 329
Snebolletræ 393
Snerle, Madeira- 122
Snerre, Madeira- 180

Snowball Tree 393
Snöbollsbuske 393
Sobralia
　macrantha 356
Sockerrör 320
Sodaört, Sode 369
Sølv-Akacie 17
Sølv-Poppel 301
Sølvregn 77
Sófora do Japão 363
Solanum
　auriculatum 358
　jasminoides 357
　mauritianum 358
　wendlandii 359
Solfjäderaloe 43
Solglød 316
Sommarmurgröna,
　Skär 279
Sommerefeu 342
Sonchus
　fruticosus 360
　pinnatus 361
　squarrosus 360
　ustulatus 362
Sophora japonica 363
Sorbenstrauch,
　Madeira- 239
Sorbier de Madère 364
Sorbus maderensis 364
Sorrel,
　Cape 269
　Madeira 318
　Red Fowering 270
Sorveira 364
Souchet à papier 134
Soude d'Afrique 369
Soude en arbre 369
Sow Thistle 45, 46, 47
　360, 361, 362
Spanskrör 67
Spargel, Doldiger 70
Sparmania africana 365
Spartium scoparium 136
S. virgatum 181
Spathodea
　campanulata 366
Spear-Flower 190
Spear Lily 143
Speerblume 143
Sphaeropteris
　cooperi 367
Spiessblume 143
Spitzblume 190
Spjutagave 143

Spleenwort 71, 72
Sporebaldrian 103
Spornblume, Rote 103
Spurge
　Flax 168
　Giant 166
　Melliferous 167
　Sea-Side 168
　Spear-Leaved 169
Spyder Flower,
　Brazilian 381
Squill, Madeira 334
Squill, Hyacinth 334
Stachelmohn 62
Staff, St. John's 398
Stag's Horn Fern 294
Star of Bethlehem 268
Statice 61, 233
Statice sinuata 233
Stechapfel, Weisser 138
Stechginster 389
Stechpalme,
　Madeira- 207
Steinbrech,
　Madeira- 330
Steinfeder 72
Stenbræk,
　Madeira 330
Stenolobium stans 373
Stenurt 337, 339
Sterculia 79
Sterculier 79, 80
Sternhyazinthe,
　Madeira 334
Sternjasmin 386
Sternkiefer 289
Stinketernell 193
Stinklager 262
Stinklaurel 262
Stinkträe 262
Stiverbush 345
Stjärna
　Kapstjärna 268
Stjärnjasmin 386
Stock,
　Mountain 156
　Sea 241
Stolz von Bolivien 382
Stolz Madeiras 148
Stonecrop,
　Brissemoret's 337
　Downy 34
　Giant 340
　Madeira 34
　Mealy 338
　Smooth 339

429

Storchschnabel
 183, 184
Stork's Bill 183, 184
Storkenæb 183, 184
Stramoine en arbre 83
Strandfura 289
Strandfyr 289
Strandfänkål 129
Strandkiefer 289
Strandkål 126
Strandpilört 299
Strandtall 289
Strandtörel 168
Strauchkapp 285
Streifenfarn 71, 72
Streitkolbenbaum 99
Strelitzia reginae 368
Strohblume 192
 Kegelkopf- 195
 Schwarzaugen- 194
 Stinkende 193
Sträka
 Madeirasträka 264
Stue-Akacie 37
Stuekalla 403
Stuelind 365
Suaeda
 fruticosa 369
 laxifolia 369
 vera 369
Südseemyrte 227
Sugar Cane 320
Sukkerrør 320
Sumac, Sumach 314
Sumagre, Sumak 314
Sumaúma 111
Sun Rose, Baby 55
Sureau de Madère 327
Sureau noir 328
Surkløver 269, 270
Suspiros 222
Svælglilje 109
Svartpersilja 243
Svinemælk
 360, 361, 362
Svovlrod, Madeira- 208
Svärmorstunga 329
Sweet Orange Tree 115
Sweet Potato 210
Sycomore, Faux 244
Sydhavsmyrte 227
Syra
 Madeirasyra 318
Syre
 Madeira- 318

Syren, Persisk 244
Syzygium jambos 370
Sömntuta 162
Sötpotatis 210

T

Tabac bleu 260
Tabac glauque 260
Tabac marron 358
Tabaibeira 266
Tabac, Blaugrüner 260
Tabaqueira 358
Tabaqueira Azul 260
Tacsonia
 van-volxemii 275
Taggvallmo, Gul 62
Tail Flower 51
Taklök
 Klibbtaklök 27
 Körteltaklök 26
 Lurvigtaklök 35
 Madeirataklök 34
 Trädtaklök 25
Tamargueira 371
Tamarin 371
Tamarind,
 Vild, Wild 228
Tamarinier 371
Tamaris 371
Tamarisk(e) 371
Tamarix gallica 371
Tamier 372
Tamus communis 372
Tamus edulis 372
Tanchagem
 de Malato-Beliz 292
Tangerão 114
Tanne
 Douglastanne 305
 Norfolktanne 58
 Zimmertanne 58
Tanning Sumach 314
Tåre-Pil 321
Taro, Taro Root 121
Tasneirinha 342
Tassel Tree of
 Madagascar 142
Taublume,
 Reichblütige 146
Tea Plant,
 Tasmanian 227
Tea Tree,
 New Zealand 227

Tears, Angel's 138
Tecoma
 capensis 374
 jasminoides 272
 ricasoliana 297
 stans 373
Tecoma du Cap 374
Tecomaria
 capensis 374
Teinturier 286
Teline
 maderensis 375
Tetrapanax
 papyriferum 376
Teucrium
 abutiloides 377
 betonicum 378
Teufelsklaue 201
Thé des Canaries 101
Thistle, 94
 Big-Leaved 114
 Downy 179
 Spotted
 Golden 335
 Willow-Leaved
 Carline 96
Thrift, Madeira 65
Throatwort 385
Thunbergia
 gibsonii 379
 gregorii 379
Thym de montagne 380
Thyme, Mountain 380
Thymian 380
Thymus
 angustifolius 380
 azoricus 380
 caespititius 380
 ericaefolius 247
 micans 380
Tibouchina
 semidecandra 381
 urvilleana 381
Tidsel, Madeira- 114
Tigarro 334
Tigertass 229
Til 262
Tilleul
 d'appartement 365
Timian, Madeira- 380
Timjan
 Glanstimjan 380
Timjanbuske,
 Maderiansk 87
Tinelier de Madère 190

Tintureira 177, 286
Tipuana tipu 382
Tipuana speciosa 382
Tistel
  Bomullstistel 179
  Gultistel 335
  Madeiratistel 114
  Pilbladstistel 96
Tobacco, Shrub 260
Tobak
  Blåtobak 260
Tobaksbusk 260
Tojo, Tojo Arnal 389
Tolpide 383, 384
Tolpis fruticosa 384
Tolpis macrorhiza 383
Tolpis pectinata 384
Tolpis succulenta 384
Tomat
  Trädtomat 135
Tomate en arbre 135
Tomateiro Arbóreo 135
Tomateiro Inglês 135
Tomatenbaum 135
Tomato Tree 135
Tongue
  Mother-in-Law's 329
Tronblad 389
Torrões de Açúcar 268
*Trachelium
  caeruleum* 385
*Trachelospermum
  jasminoides* 386
Trådpalme 397
Træ-Bregne 367
Trælyng 150
Træmargerit 250
Træpersilie 243
Trætomat 135
Tragtsnerle 209
  Gul 211
  Rød 212
Tramazeira 364
Traqueiro 193
Traquélio 385
Trauerweide 321
Tree-Fern,
  Australian 367
Tree, Flame 79, 80
Tree Fuchsia 333
Tree Heath 150
Tree, Loquat 154
Tree Poke 287
Tree Tomato 135

Trefoil,
  Bird's Foot 235
  Shrub 375
Trevina 235
Trevo 269, 270
Trichterwinde
  209, 211, 212
Trift
  Madeiratrift 65
Trillingblomma 78
Trillingranke 78
Tritoma uvaria 221
*Tritonia x
  crocosmiiflora* 387
Troène
  d'Amérique 147
  chinois 231
  du Japon 230
Trombeteira 83, 138
Trompetblomst 373
Trompetlilje 232
Trompettræ,
  Rødgul 309
Trompetenblume,
  Aufrechte 373
  Bunte 120
  Gelbliche 144
Trompette
  du Jugement
  dernier 83, 138
Trompette, Liane 272
Tropaeolum majus 388
Trumpet,
  Angel's 83, 138
  Golden 39
  Mexican Blood 283
  Painted 120
  Änglatrumpet 138
Trumpet Flower,
  Shrubby 373
Trumpet Tree,
  Yellow- 240
Trumpet Vine,
  Orange 309
Trumpetbuske 373
Trumpetlilja 232
Trumpetranka
  120, 144, 273
  Blod 283
  Jasmin 272
  Skär 297
Try, Hildebrands 234
Trådaloe 42
Trådpalme 397
Trädaloe 41

Trädhibiskus 196
Trädljung 150
Trädormbunke 367
Trädrhododendron 313
Trädtaklök 25
Trädtomat 135
Tubéreuse bleue 28
Tubpassionsblomma 275
Tulip Tree,
  African 366
Tulipantræ,
  Afrikansk 366
Tulipier du Gabon 366
Tulpanträd,
  Afrikanskt 366
Tulpenbaum,
  Afrikanischer 366
  Gabun- 366
Tumbérgia 379
Turbith à feuilles
  de saule 185
Tussilago japonica 229
Tvåbladsyxne 182
Tåre-Pil 321
Tårpil 321
Tätyxne 257
Törel
  Fisketörel 169
  Honungstörel 167
  Jättetörel 166
  Strandtörel 168

U

Ufer-Iboze 206
*Uhdea
  bipinnatifida* 250
Ulex europaeus 389
Ullknapp 155
Ullnattskatta 358
Ulvefod, Madeira- 140
Umbra tree 287
Umbrella Tree 331
Urgebão 391
Ursine, Branc(he)- 23
Urze 151
  Arbórea 150
  Durázia 152
  de Jardim 227
  Molar 150
  das Vassouras 152
Uva dos
  Passarinhos 286
Uveira da Serra 390

V

Vaccinium
 maderense 390
 padifolium 390
Valerian, Red 103
Valeriana,
 Rød, Röd 103
Valériane rouge 103
Valmue
 Guldvalmue 162
Valnød 218
Valnöt, Äkta 218
Vaquois 271
Vattenbuske 255
Vedbend,
 Jernbane- 342
Vegetable Pear 336
Veigela 399
Veilchen, Madeira- 394
Vejbred, Madeira- 292
Vejbred, Træ- 291
Vejde 213
Vélar de Madère 156
Velvet Groundsel 343
Velvet-Leaf 14
Venusbregne,
 Nyrebladet 24
Venus' Slipper 274
Venusschuh 274
Venussko 274
Verbena
 bonariensis 391
 rigida 392
 venosa 392
Verbena
 Jätteverbena 391
 Ådrig Verbena 392
Vervain
 Large Veined 392
 South American 391
Verveine 391, 392
Vetch, Crown 124
Viburnum opulus 393
Vide
 Korgvide 322
Vieira, Cana 67
Vigândia 400
Vildkardon 133
Vime, Vimeiro 322
Vin
 Ballongvin 93
Vinagreira 286
Vinda
 Gulvinda 211

Vinda
 Madeiravinda 122
 Purpurvinda 209
Vine,
 Balloon 93
 Bluebird- 282
 Cat's Claw 144
 Coral 53
 Madeira 49
 Orange Trumpet 309
 Silver Lace 77
 Wonga-Wonga 273
Vingfrö 203
Vinhático 281
Viol
 Madeiraviol 394
Viola paradoxa 394
Violet, Madeira 394
Violeta da Madeira 394
Violette de Madère 394
Viollier de Madère 241
Viorne 393
Vipérine élégante 149
Vipérine de Madère 148
Vippjasmin 217
Virginian Poke 286
Visco 384
Visnea mocanera 395
Visse, Madeira- 181
Viteternell 194
Vitkant Salvia 323
Vittadinia triloba 153
Viuvinha 282
Vogelbeerbaum,
 Madeira- 364
Volubilis
 209, 211, 212
Vortemælk 166, 169
 Madeira- 167
 Strand- 168
Vrietorn,
 Azorisk 177
 Kirtlet 312

W

Wachsmyrte 256
Wahlenbergia
 lobelioides 396
 nutabunda 396
 pendula 396
Waid, Färberwaid 213
Wallflower,
 Mountain 156
Walnussbaum 218

Walnut Tree 218
Washingtonia
 filifera 397
Wasserdost 32, 33
Water Dropwort,
 Madeira 264
Waterbush 255
Watsonia ardernei 398
Wattle,
 Black 19
 Cootamunda 16
 Golden 18
 Sallow 18
 Silver 17
 Star 21
Weed, Dyer's 213
Wegdorn, Azoren- 177
Wegerich,
 Madeira- 291
 Riesiger 292
Weide
 Hanfweide 322
 Korbweide 322
 Trauerweide 321
Weigela florida 399
Weigela rosea 399
Weihnachtsstern 170
Whin 389
Wicke, Kronen- 124
Widerstoss 233
Wigandia
 caracasana 400
Willow, Basket 322
Willow, Weeping 321
Winde, Madeira- 122
Wing-Seed Tree 203
Wisteria sinensis 401
Woad, Dyer's 213
Wolfsmilch,
 Fischfang- 169
 Honig- 167
 Riesen- 166
Wollfarn 106
Wolldistel 45, 46, 47
Wollkopf 155
Wollmispel 154
Wonga-Wonga Vine 273
Wood, Cheese 290
Wood Rush 236
Wreath, Purple 282
Wreath, Queen's 282
Wucherblume,
 Fleishige 64
 Gefiederte 63
 Kronen- 112

Wunderbaum 315
Wundklee,
  Madeira- 52

Y

Yam 372
Yamswurzel 121
Yucca gloriosa 402
Yxne
  Tvåbladsyxne 182
  Tätyxne 257

Z

Zambujeiro 265
Zantedeschia aethiopica 403
Zeder
  Himalayazeder 102
Zedrachbaum 244
Zierzumpe 316
Zimmerlinde 365
Zimmertanne 58
Zitronenkraut 101
Zuckeapfelbaum 48

Zuckerrohr 320
Zylinderputzer,
  Rutenförmiger 89
  Starrer 88

Ä

Ädelcypress 107
Älghornsbräken 294
Änglabasun 138
Änglatrumpet 83, 138
Ärttörne 389

Índice dos ENDEMISMOS da MACARONÉSIA aqui ilustrados

Table des Endémiques Macaronésiens illustrés
Index of the Macaronesic Endemics shown
Register der Endemiten aus Makaronesie hier illustriert
Endemer for Makaronesien vist i denne bog
Förteckning över i denna bok upptagna, på Makaronesien endemiska växter

Aeonium glandulosum 26, 1
Aeonium glutinosum 27, 1
Aichryson divaricatum 34, 1
Aichryson villosum 35, 3
Andryala crithmifolia 45, 1
Andryala glandulosa 47, 3
Anthyllis lemanniana 52, 1
Apollonias barbujana 54, 3
Argyranthemum
  haematomma 63, 1
  pinnatifidum
  ssp. *succulentum* 64, 1
Armeria maderensis 65, 1
Artemisia argentea 66, 1
Asparagus umbellatus 70, 1
Berberis maderensis 76, 1
Bupleurum salicifolium
  ssp. *salicifolium* 86, 3
Bystropogon maderensis 87, 1
Carduus squarrosus 94, 1
Carlina salicifolia 96, 3
Cedronella canariensis 101, 3
Ceterach aureum 106, 5
Chamaemeles coriacea 108, 1
Cirsium latifolium 114, 1
Clethra arborea 116, 1
Convolvulus massonii 122, 3
Crambe fruticosa 126, 1
Dactylorhiza foliosa 137, 1
Diphasium madeirense 140, 2
Dracaena draco 145, 5
Echium candicans 148, 1
Echium nervosum 149, 1
Erica maderensis 151, 1
Erica scoparia
  ssp. *platycodon* 152, 3
Erysimum bicolor 156, 3

Euphorbia mellifera 167, 3
Euphorbia piscatoria 169, 1
Frangula azorica 177, 2
Galium productum 180, 1
Genista tenera 181, 1
Geranium maderense 183, 1
Geranium palmatum 184, 1
Globularia salicina 185, 3
Goodyera macrophylla 187, 1
Heberdenia excelsa 190, 3
Helichrysum devium 192, 1
Helichrysum melaleucum 194, 1
Helichrysum obconicum 195, 1
Huperzia sellago
  ssp. *dentata* 201, 2
Hypericum inodorum 205, 3
Ilex perado
  ssp. *perado* 207, 1
Imperatoria lowei 208, 1
Isoplexis sceptrum 214, 1
Jasminum odoratissimum 216, 3
Juniperus cedrus 219, 3
Laurus azorica 224, 3
Lavandula pinnata 225, 3
Lotus glaucus 235, 3
Luzula seubertii 236, 1
Marcetella maderensis 239, 1
Matthiola maderensis 241, 1
Maytenus umbellata 242, 1
Melanoselinum decipiens 243, 2
Micromeria varia
  ssp. *thymoides*
  var. *cacuminicolae* 247, 1
Monizia edulis 248, 1
Musschia aurea 253, 1
Musschia wollastonii 254, 1
Ocotea foetens 262, 3

Odontites holliana 263, 1
Oenanthe divaricata 264, 1
Olea europaea
  ssp. *maderensis* 265, 1
Orchis scopulorum 267, 1
Pericallis aurita 279, 1
Persea indica 281, 4
Phoenix canariensis 284, 6
Phyllis nobla 285, 3
Picconia excelsa 288, 3
Plantago arborescens 291, 3
Plantago malato-belizii 292, 1
Polystichum falcinellum 300, 1
Prunus lusitanica
  ssp. *hixa* 304, 3
Ranunculus cortusifolius 311, 4
Rhamnus glandulosa 312, 3
Rubus grandifolius 317, 1
Rumex maderensis 318, 2
Sambucus lanceolata 327, 1
Saxifraga maderensis 330, 1
Scilla maderensis 334, 1
Sedum brissemoretti 337, 1
Sedum farinosum 338, 1
Sedum nudum 339, 1

Semele androgyna 341, 3
Sibthorpia peregrina 350, 1
Sideritis candicans 351, 3
Sideroxylon marmulano
  var. *marmulano* 352, 5
Sinapidendron angustifolium 353, 1
Sinapidendron gymnocalyx 354, 1
Sinapidendron rupestre 355, 1
Sonchus fruticosus 360, 1
Sonchus pinnatus 361, 1
Sonchus ustulatus
  ssp. *maderensis* 362, 1
  ssp. *ustulatus* 362, 1
Sorbus maderensis 364, 1
Tamus edulis 372, 3
Teline maderensis 375, 1
Teucrium abutiloides 377, 1
Teucrium betonicum 378, 1
Tolpis macrorhiza 383, 1
Tolpis succulenta 384, 2
Vaccinium padifolium 390, 1
Viola paradoxa 394, 1
Visnea mocanera 395, 3
Wahlenbergia lobelioides
  ssp. *lobelioides* 396, 5

Página Page, Page Seite Side, Sida	Origem, Origine, Origin, Herkunft, Hjemsted, Ursprung
26,	1 – Madeira
201,	2 – Madeira, Açores
47,	3 – Madeira, Canárias
281,	4 – Madeira, Açores, Canárias
145,	5 – Madeira, Canárias, Cabo Verde
284,	6 – Canárias

Impressão e acabamento:
AMBAR® – AMÉRICO BARBOSA — Complexo Industrial Gráfico, S.A.
Porto — Portugal
Depósito Legal N.º 87871/95 - 10 000 Ex. — Julho de 1995

ISBN 972-9177-12-0